ARBEITSGEMEINSCHAFT FÜR FORSCHUNG
DES LANDES NORDRHEIN-WESTFALEN

GEISTESWISSENSCHAFTEN

27. Sitzung
am 19. Januar 1955
in Düsseldorf

ARBEITSGEMEINSCHAFT FÜR FORSCHUNG
DES LANDES NORDRHEIN-WESTFALEN

GEISTESWISSENSCHAFTEN

HEFT 40

Gerhard Kegel

Probleme des internationalen Enteignungs- und Währungsrechts

Springer Fachmedien Wiesbaden GmbH

ISBN 978-3-663-00944-3 ISBN 978-3-663-02857-4 (eBook)
DOI 10.1007/978-3-663-02857-4

Ursprünglich erschienen bei Westdeutscher Verlag, Köln und Opladen 1956.

Probleme des internationalen Enteignungs- und Währungsrechts

Professor Dr. jur. *Gerhard Kegel*, Köln

I. Grundlagen[1]

Wer sich Problemen des internationalen Enteignungs- und Währungsrechts zuwendet, tut gut, als erstes den Boden zu prüfen, auf dem er steht.

1. Internationales Privatrecht und internationales Verwaltungsrecht

Internationales Enteignungs- und Währungsrecht liegen im Felde der *Kollisions*rechte, nicht der *materiellen* Rechte. Unter einem materiellen Rechtsgebiet versteht man eine Gruppe von Rechtssätzen, die einen Fall *unmittelbar* regeln. Man nennt sie *Sachnormen.* Materiellrechtlich sind zum Beispiel das Kaufrecht, das Eigentumsrecht, das Eherecht, das Erbrecht des Bürgerlichen Gesetzbuches (BGB). Ist die Ware mangelhaft, so kann der Käufer Rückgängigmachung des Kaufs oder Herabsetzung des Preises verlangen. Das bestimmt § 462 BGB. Der Fall ist entschieden.

Es kann aber im Einzelfall zweifelhaft sein, ob § 462 BGB anzuwenden ist. Das BGB ist bekanntlich am 1. Januar 1900 in Kraft getreten. Wie, wenn jemand im Herbst 1899 ein Berliner Haus kaufte und 1900 merkte, daß es Schwamm hatte? Gilt auch hier § 462 BGB oder sind die Regeln des Allgemeinen Landrechts anzuwenden, das 1899 in Berlin galt? Wie ist es, wenn heute ein Hamburger Kaufmann aus Brasilien Kaffee bezieht und der Kaffee verdorben ankommt? Gilt § 462 BGB oder gelten die Regeln des brasilianischen Código civil?

Auch hierfür gibt es Regeln. Man nennt sie *Kollisionsnormen* und Gruppen von ihnen *Kollisionsrechte.* Ob altes oder neues Kaufrecht anzuwenden

[1] Der Vortrag wird – schon mit Rücksicht auf die Diskussion – im wesentlichen so wiedergegeben wie gehalten. Nur einige Stellen sind ausgebaut. Schrifttum und Rechtsprechung finden sich in meinem Beitrag zu *Soergels* Kommentar zum Bürgerlichen Gesetzbuch, Band IV 1955, S. 67–89. Die folgenden Anmerkungen wollen lediglich ergänzen.

ist, sagt das *intertemporale* Privatrecht oder Übergangsprivatrecht. Ob deutsches oder ausländisches Kaufrecht anzuwenden ist, sagt das *internationale* Privatrecht. Hier handelt es sich um Regeln, die einen Fall *nicht unmittelbar* entscheiden, sondern die erst einmal die Sachnormen festlegen, nach denen der Fall zu entscheiden ist.

Das *internationale Privatrecht* bestimmt, welchen *Staates* Privatrecht anzuwenden ist, zum Beispiel deutsches, französisches, englisches Privatrecht. Die Sachnormen unterscheiden sich jedoch nicht immer nur von Staat zu Staat. Auch innerhalb eines Staates kann in verschiedenen Gebieten verschiedenes Recht gelten. Zum Beispiel galten vor 1900 in Deutschland das Allgemeine Landrecht, das sächsische BGB von 1863, ja im Rheinland der französische Code civil. Heute gelten in Deutschland zum Teil verschiedene Regeln des Privatrechts, vor allem des Familienrechts, in der Bundesrepublik und West-Berlin einerseits, in der DDR und Ost-Berlin andererseits. Die Normen, die hier das anwendbare Recht festlegen, nennt man *interlokales* Privatrecht. Doch folgt das interlokale Recht weithin dem internationalen. Wir wollen daher hinfort das interlokale Recht nicht mehr besonders ausweisen, sondern nur von internationalem reden.

Es gibt nicht nur internationales *Privat*recht, sondern entsprechende Kollisionsnormen auch für andere materielle Rechtsgebiete. Es gibt also zum Beispiel ein internationales Strafrecht, ein internationales Steuerrecht, ein internationales *Verwaltungs*recht. Enteignungen und Währungseingriffe kann man als Staatseingriffe zum materiellen Verwaltungsrecht zählen. Probleme des internationalen Enteignungs- und Währungsrechts gehören dann ins *internationale Verwaltungsrecht.*

Wenn wir von *internationalem* Privatrecht, Verwaltungsrecht usw. sprechen, meinen wir nicht Rechtssätze, die international sind, d. h. in allen Staaten gelten. Sie sind international nur wegen ihres *Gegenstandes:* die Tatbestände sind internationale, zum Beispiel der Kaufvertrag über Kaffee aus Brasilien zwischen einem Exporteur in Rio und einem Importeur in Hamburg. Dagegen hat *jeder Staat* sein *eigenes* internationales Privatrecht, Strafrecht, Verwaltungsrecht. Die praktische Folge davon ist, daß derselbe Fall oft deswegen verschieden beurteilt wird, weil verschiedene Regeln über das anwendbare Recht gelten. So mögen die Rechte des Hamburger Käufers wegen mangelhafter Kaffeelieferung aus Brasilien in Deutschland nach dem BGB, in Brasilien nach dem Código civil beurteilt werden, und deswegen kann das Ergebnis verschieden ausfallen, wenn in Hamburg und wenn in Rio prozessiert wird. Wir befassen uns hier nur mit Problemen des *deut-*

schen internationalen Enteignungs- und Währungsrechts als Teilgebieten des deutschen internationalen Verwaltungsrechts.

Damit wissen wir *systematisch*, auf welchem Boden wir stehen. Wir müssen aber noch die Beschaffenheit des Bodens untersuchen, nämlich die *rechtspolitischen* Grundgedanken.

2. *Gerechtigkeit und Macht*

Auszugehen ist vom internationalen *Privat*recht. Jeder Staat wird geneigt sein (und manche Leute im Staat sind es wirklich), das eigene materielle Privatrecht für höchst gerecht zu halten. Wie kann man dann aber überhaupt ausländisches Privatrecht anwenden? Offenbar, weil es neben der *materiellen* Gerechtigkeit auch eine *internationale* Gerechtigkeit gibt. Selbst wenn man das deutsche Grundbuchrecht für unübertrefflich hält, kann man nicht die Übereignung eines New Yorker Grundstücks dem deutschen Recht unterwerfen, insbesondere wenn New York kein Grundbuch kennt. Ebensowenig kann man die Gültigkeit einer Ehe von Italienern, die in Rom geheiratet und immer dort gelebt haben, dem deutschen Recht unterwerfen. Daher bedarf es aus einer Reihe von Gründen, die der internationalen Gerechtigkeit entstammen und die uns hier nicht näher zu kümmern brauchen, vieler Regeln des internationalen Privatrechts, die für Fälle mit Auslandsberührung im einzelnen festlegen, welchen Staates Recht anzuwenden ist.

Neben Privatrecht, das der Gerechtigkeit zwischen den Einzelnen dient, gibt es *öffentliches Recht*, das *Staatseingriffe in private Rechte* erlaubt. Dahin gehören *Enteignungen* und *Währungseingriffe*. Hier handelt es sich nicht wie beim Privatrecht *unmittelbar um die Gerechtigkeit* zwischen den Einzelnen, die mittelbar dem Staatsganzen dienen mag. Sondern es handelt sich *unmittelbar um das Staatsganze*, um das Wohlergehen des Staates, und nur mittelbar mag eine gerechte Verteilung der Werte auf die Einzelnen erstrebt werden. Hier werden *Staatsinteressen politischer und wirtschaftspolitischer Art* verfolgt: es geht nicht um *Gerechtigkeit*, sondern um *Macht*.

Im allgemeinen *sorgt jeder Staat nur für die eigene Macht*. Wir werden daher *fremde Staatseingriffe* in private Rechte *nicht anerkennen*, *wenn der fremde Staat weiter gegriffen hat, als seine Macht reicht*, wenn er zum Beispiel Sachen enteignet hat, die nicht in seinem, sondern in unserem Gebiet oder im Gebiet eines dritten Staates gelegen haben. Dabei begründet es keinen Unterschied, ob wir selbst oder der dritte Staat widersprechende Macht betätigt haben oder nicht.

Es mag sein, daß ein *gleichartiger Eingriff von uns oder von dem dritten Staat vorgenommen* worden ist. Dann erhält die wirkliche Macht den Vorrang vor dem bloßen Machtanspruch. Hat zum Beispiel ein fremder Staat Sachen enteignet, die bei uns gelegen und die auch wir enteignet haben, oder die im Gebiet eines dritten Staates gelegen haben und die auch der dritte Staat enteignet hat, dann wird die Enteignung durch den fremden Staat nicht anerkannt. So ist es selbst zwischen befreundeten Staaten, zum Beispiel den östlichen Satellitenstaaten unter sich, die ihre Industrie und Landwirtschaft enteignet haben. Die westlichen Siegermächte, die das deutsche Auslandsvermögen enteignet haben, haben besondere Staatsverträge geschlossen und im wesentlichen nach dem Machtgrundsatz den Gewinn verteilt.

Viel öfter hat *allein der fremde Staat* in die privaten Rechte *eingegriffen*, während wir und dritte Staaten uns der Macht enthalten und der Gerechtigkeit zwischen den Privaten freies Spiel gelassen haben, sei es daß politische oder wirtschaftspolitische Interessen überhaupt nicht vorhanden gewesen oder daß sie zurückgedrängt worden sind. Wir haben keinen Anlaß, politische oder wirtschaftspolitische Interessen eines fremden Staates dort zu fördern, wo er keine Macht hat und wo der Staat, der die Macht hat, darauf verzichtet hat, sie auszuüben, zum Beispiel wenn die vom fremden Staat enteigneten Sachen bei uns oder in einem dritten Staate gelegen haben.

Soll man noch weiter gehen und den fremden Staatseingriff in private Rechte, weil der Macht des fremden Staates dienend, *niemals anerkennen*, zum Beispiel einer fremden Enteignung auch dann die Anerkennung verweigern, wenn sie Sachen *innerhalb* des fremden Staatsgebietes betroffen hat? Man kann nicht sagen, ein solcher Standpunkt sei deswegen undurchführbar, weil hier der fremde Staat doch tatsächlich die Macht gehabt habe. Natürlich können wir einen fremden Staatseingriff als Tatsache nicht hindern. So können wir nichts dagegen tun, daß infolge einer ausländischen Enteignung die Sache ihren *Besitzer* wechselt. Aber, wenn unsere Gerichte angerufen werden, über einen ausländischen Staatseingriff zu befinden, dann geht es um *mehr*. Es geht darum, ob wir die fremde Macht mit eigener Macht stützen, ob wir dem fremden Staat helfen (und uns damit mitschuldig machen) oder unsere Hilfe versagen.

Nun ist es für jede Rechtsordnung kennzeichnend, daß sich die Gerechtigkeit Einschränkungen gefallen lassen muß im *Interesse des Rechtsfriedens*. So kann keine Prozeßordnung die Wahrheitserforschung bis zum letzten durchführen. Zwischen Schnelligkeit und Gründlichkeit des Verfahrens muß ein Ausgleich gefunden werden, der im einzelnen verschieden sein mag. So wäre es auch höchst mißlich, ausländischen Staatseingriffen in private Rechte, weil sie Machtakte sind, überhaupt die Anerkennung zu verweigern.

Einmal soll, wer im Glashaus sitzt, nicht mit Steinen werfen. Mögen auch größte Unterschiede im Härtegrad und im Umfang von Staatseingriffen bestehen, ganz kann ihrer kein moderner Staat entraten. Man denke zum Beispiel an den Ausbau des Verkehrsnetzes, an Städteplanung, an landwirtschaftliche Umlegung.

Vor allem aber bedeutet Nichtanerkennung fremder Staatsakte, die sich in den Grenzen der Macht des fremden Staates halten, *fortgesetzte Reibungen* mit diesem Staat. Insbesondere ist der *Handel* mit ihm nahezu ausgeschlossen, wenn Waren aus enteigneten Betrieben, die ins eigene Land kommen, den enteigneten Unternehmern zugesprochen werden.

Das *Interesse an der internationalen Ordnung* verlangt daher grundsätzlich die Anerkennung von Enteignungen und anderen Staatseingriffen, mit denen der fremde Staat die Grenzen seiner Macht eingehalten hat. Das ist die überwiegende Ansicht von Lehre und Rechtsprechung in Deutschland, aber auch in vielen anderen Staaten.

Zwei Äußerungen von Richtern des Supreme Court der USA in Fällen, in denen es um ausländische Enteignung ging, bringen diesen Gedanken sehr schön zum Ausdruck. So sagte Chief Justice *Fuller* 1897:

> „Jeder souveräne Staat hat die Unabhängigkeit jedes anderen souveränen Staats zu achten, und die Gerichte des eines Landes sitzen nicht zu Gericht über die Akte der Regierung eines anderen, die innerhalb ihres eigenen Gebiets geschehen sind.“ [2]

Und Justice *Clarke* erklärte 1918:

> „Würde man es zulassen, daß die Gültigkeit von Akten eines souveränen Staats überprüft und vielleicht verworfen würde von den Gerichten eines anderen, so hieße das mit Gewißheit, ‚die freundschaftlichen Beziehungen zwischen Regierungen gefährden und den Frieden der Völker bedrohen‘.“ [3, 4]

[2] Underhill v. Hernandez 168 U. S. 250, 252, 18 S. Ct. 83, 84 (1897): "Every sovereign state ist bound to respect the independence of every other sovereign state, and the courts of one country will not sit in judgment on the acts of the government of another, done within its own territory."

[3] Oetjen v. Central Leather Co. 246 U. S. 297, 304, 38 S. Ct. 309, 311 (1918): "To permit the validity of the acts of one sovereign state to be reexamined and perhaps condemned by the courts of another would very certainly "imperil the amicable relations between governments and vex the peace of nations." "

[4] Der Grundsatz, daß fremde Staatsakte zu achten und von den eigenen Gerichten ihren Entscheidungen zugrunde zu legen, mithin "rule for their decision" seien, steht als

Freilich muß man sehen, daß auch *andere Ansichten* möglich sind. Man mag etwa Enteignungen, die *mit Entschädigung* erfolgen, als relativ harmlose Eingriffe in private Rechte auch dann anerkennen, wenn der fremde Staat die Grenzen seiner Macht überschritten hat[5]. Man mag auch *politisch* unterscheiden und dann einerseits Staatseingriffe *feindlicher* Staaten auch dann nicht anerkennen, wenn der fremde Staat seine Machtgrenzen eingehalten hat (so die US-amerikanische Rechtsprechung zu Enteignungen durch die konföderierte Regierung im Bürgerkrieg[6]), andererseits Staatseingriffe *befreundeter* Staaten auch dann anerkennen, wenn sie ihre Machtgrenzen überschritten haben (so die englische und US-amerikanische Rechtsprechung im zweiten Weltkrieg für Enteignungen durch die norwegische und durch die niederländische Exilregierung, durch die in England und den USA belegene Schiffe, auf Schiffe bezügliche Forderungen, Bankguthaben und Inhaberschuldverschreibungen den norwegischen und niederländischen Eigentümern genommen wurden[7]). Man kann auch die ganze Frage der Anerkennung fremder Staatseingriffe in der Weise politisch lösen, daß man unterscheidet, ob die eigene Regierung den *fremden Staat oder die fremde Regierung anerkannt* hat (dann Anerkennung des fremden Staatseingriffs, gleich ob die Machtgrenzen eingehalten worden sind oder nicht) oder ob eine Anerkennung noch nicht ausgesprochen ist (dann keine Anerkennung des Staatseingriffs). So wurden nach dem ersten Weltkrieg in den USA die sowjetrussischen Enteignungen zwar im *Ergebnis* nach dem *Machtprinzip* behandelt, d. h. anerkannt, soweit sie Gegenstände in Rußland betrafen, und nicht anerkannt, soweit sie Gegenstände in den USA betrafen (es handelte sich um beträchtliches amerikanisches Vermögen hauptsächlich von russischen Versicherungsgesellschaften). Indessen die *Begründung war verschieden.* Die eine Gruppe von Entscheidungen stützte sich auf Machtüber-

"Rule of Decision Principle" im Mittelpunkt des Buches von *Edward D. Re,* Foreign Confiscations in Anglo-American Law, New York 1951. Über die Bedrohung des Völkerfriedens ("vex the peace of nations") durch Nichtanerkennung fremder Enteignungen siehe dort Seite V, 35, 53 f., vgl. auch 37, 135 f.

[5] So z. B. *Seidl-Hohenveldern,* Internationales Konfiskations- und Enteignungsrecht, 1952, 179–189.

[6] Vgl. Horn v. Lockhart 84 U. S. (17 Wall.) 570 (1873); Williams v. Bruffy 96 U. S. 176 (1878); Baldy v. Hunter 171 U. S. 388, 18 S. Ct. 890 (1898).

[7] Lorentzen v. Lydden & Co. [1942] 2 K. B. 202; Anderson v. Transandine Handelsmaatschappij 31 N. Y. S. 2d 194 (1942); State of the Netherlands v. Federal Reserve Bank of New York 201 F. 2d 455 (1953); siehe aber auch Bank voor Handel en Scheepvaart v. Slatford [1951] 2 All E. R. 779, wo gegenteilig entschieden worden ist für Gold, das eine niederländische Bank bei einer Londoner Bank deponiert hatte (dazu Note 65 [1952] Harv. L. Rev. 1463).

schreitung[8], die andere dagegen darauf, daß die USA die russische Regierung nicht anerkannt hatten[9]. Doch hielt sich die letztgenannte Gruppe die Hintertür des ordre public offen: die public policy hätte in positiver Funktion eingesetzt werden können, um Enteignungen von Gegenständen innerhalb des sowjetischen Machtbereichs anzuerkennen[10]. Als dann im Jahre 1933

[8] Z. B. Vladikavkazsky Ry. Co. v. New York Trust Co. 263 N. Y. 369, 189 N. E. 456, 91 A. L. R. 1426 (1934); Moscow Fire Ins. Co. v. Bank of New York & Trust Co. 280 N. Y. 286, 20 N. E. 2d 758 (1939), bestätigt mit Stimmengleichheit 309 U. S. 624, 60 S. Ct. 725 (1940).

[9] Z. B. Sokoloff v. National City Bank of New York 239 N. Y. 158, 145 N. E. 917, 37 A. L. R. 712 (1924); Petrogradsky Mejdunarodny Kommerchesky Bank v. National City Bank of New York 253 N. Y. 23, 170 N. E. 479 (1930).

[10] So sagt *Cardozo, C. J.*, in Sokoloff v. National City Bank of New York 239 N. Y. 158, 145 N. E. 917, 918 f. (1924):

"Juridically, a government that is unrecognized may be viewed as no government at all, if the power withholding recognition chooses thus to view it. In practice, however, since juridical conceptions are seldom, if ever, carried to the limit of their logic, the equivalence is not absolute, but is subject to self-imposed limitations of common sense and fairness, as we learned in litigations following our Civil War. In those litigations acts or decrees of the rebellious governments, which, of course, had not been recognized as governments de facto, were held to be nullities when they worked injustice to citizens of the Union, or were in conflict with its public policy ... [Belege]. On the other hand, acts or decrees that were just in operation and consistent with public policy were sustained not infrequently to the same extent as if the governments were lawful ... [Belege]. These analogies suggest the thought that, subject to like restrictions, effect may at times be due to the ordinances of foreign governments which, though formally unrecognized, have notoriously an existence as governments de facto ... [Text]. Limitations upon the general rule may be appropriate for the protection of one who has been the victim of spoliation, though they would be refused to the spoliator or to others claiming under him. We leave these questions open. At the utmost, they suggest the possibility that a body or group which has vindicated by the course of events its pretensions to sovereign power, but which has forfeited by its conduct the privileges or immunities of sovereignty, may gain for its acts and decrees a validity quasi governmental, if violence to fundamental principles of justice or to our own public policy might otherwise be done."

Denselben Gedankengang bringt *Cardozo* in Petrogradsky Mejdunarodny Kommerchesky Bank v. National City Bank of New York 253 N. Y. 23, 170 N. E. 479, 481 (1930):

"The decrees of the Soviet Republic nationalizing the Russian banks are not law in the United States, nor recognized as law ... [Belege]. They are exihibitions of power. They are not pronouncements of authority ... [Text]. Exhibitions of power may be followed or attended by physical changes, legal or illegal. These we do not ignore, however lawless their origin, in any survey of the legal scene. They are a source at times of new rights and liabilities. Ex facto jus oritur. Exhibitions of power may couple the physical change with declarations of the jural consequences. These last we ignore, if the consequences, apart from the declaration, do not follow from the change itself ... [Beleg]. There may be exceptions to this as there are to most principles of equal generality. If so, it is only when "violence to fundamental principles of justice or to our own public policy might otherwise be done." Sokoloff v. National City Bank of New York, supra, durch das Roosevelt-Litwinow-Agreement die sowjetische Regierung von den USA anerkannt wurde und „ihre“ Rechte am amerikanischen Vermögen der russischen Gesellschaften auf die USA übertrug, war es vom Anerkennungsstandpunkt aus leicht, unter Leugnung eines Verstoßes gegen die public policy in ihrer negativen Funktion nunmehr die USA für die Eigentümer des Vermögens zu erklären [11], was vom Machtüberschreitungsstandpunkt aus nicht möglich gewesen wäre, wenn man nicht etwa das Abkommen zugleich für ein amerikanisches Enteignungsgesetz ausgegeben hätte.

Allerdings schwingt in der Abstellung auf die völkerrechtliche (de jure – oder wenigstens de facto –) Anerkennung des fremden Staates oder einer Regierung durch den eigenen Staat neben dem politischen noch ein Moment mit, das auch für eine *rein rechtliche* Betrachtung Gewicht hat. Für gewöhnlich erfolgen nämlich Enteignungen großen Stils durch *revolutionäre Kräfte.* Es fragt sich daher, ob sie überhaupt *Rechtsakte* und nicht bloß Handlungen von Räuberbanden darstellen. Mit dieser Seite der Sache haben sich die US-amerikanischen Gerichte vor dem ersten Weltkrieg häufig aus Anlaß der Unruhen in Mittel- und Südamerika befaßt, „wo das Leben jeder Regierung prekär ist und ihr Tod selten natürliche Gründe hat“ [12]. Die amerikanischen Gerichte stellten auch hier auf die Anerkennung durch die USA ab, verlangten aber außerdem, daß die anerkannte Partei sich in ihren Machtgrenzen gehalten hatte [13]. Nach dem ersten Weltkrieg wurden jedoch in den USA auch Akte nicht anerkannter Regierungen anerkannt [14]. Dies deckt sich mit dem deutschen Standpunkt. Wir entscheiden den Rechtscharakter einer Enteignung unabhängig von der Frage der politischen Anerkennung: wir sehen nicht auf die Anerkennung der „Räuberbande“ durch die eigene Regierung, sondern darauf, ob sie *Staatsgewalt für sich in Anspruch nimmt und tat-*

page 166 of 239 N. Y., 145 N. E. 917, 919. The everyday transactions of business or domestic life are not subject to impeachment, though the form may have been regulated by the command of the usurping government ... [Belege].“

[11] United States v. Belmont 301 U. S. 324, 57 S. Ct. 758 (1937); United States v. Pink 315 U. S. 203, 62 S. Ct. 552 (1941). Wegen der Besonderheit der Sachlage sind diese Entscheidungen allerdings nicht zu verallgemeinern.

[12] *Scrutton, L. J.*, in Princess Paley Olga v. Weisz [1929] 1 K. B. 718, 724.

[13] Z. B. Underhill v. Hernandez 168 U. S. 250, 18 S. Ct. 83 (1897); American Banana Co. v. United Trust Co. 213 U. S. 347, 29 S. Ct. 511 (1909); Oetjen v. Central Leather Co. 246 U. S. 297, 38 S. Ct. 309 (1918); Ricaud v. American Metal Co. 246 U. S. 304, 38 S. Ct. 312 (1918).

[14] Nach *Re* (oben Anm. 4), S. 61–70 mit Nachweisen sind zwar die Akte einer anerkannten Regierung als Staatsakte hinzunehmen; doch sind Staatsakte auch die Akte einer nicht anerkannten Regierung, wenn sie nur tatsächlich herrscht.

sächlich ausübt, und stellen im übrigen ebenfalls auf die Einhaltung der Machtgrenzen ab; so für die Enteignungen in der DDR und in Ost-Berlin.

Als *Ergebnis* bleibt festzuhalten: Staatseingriffe in private Rechte beruhen auf Macht. Fremde Staatseingriffe sind nicht anzuerkennen, wenn sie in den Machtbereich unseres eigenen oder eines dritten Staates übergreifen. Sie sind dagegen im Interesse der internationalen Ordnung grundsätzlich anzuerkennen, wenn sich der fremde Staat in den Grenzen *seines* Machtbereichs gehalten hat. Kurz: Fremde Staatseingriffe in private Rechte sind wirksam, wenn sie den Machtbereich des eingreifenden Staates nicht überschreiten.

3. Generalklausel und Kollisionsnorm

Der Satz: Fremde Staatseingriffe in private Rechte sind wirksam, wenn sie den Machtbereich des eingreifenden Staates nicht überschreiten, ist eine *Kollisionsnorm* des internationalen Verwaltungsrechts. Neben den ausspezialisierten Kollisionsnormen findet sich jedoch in den meisten Kollisionsrechten und findet sich insbesondere im internationalen Privat- und Verwaltungsrecht die *Generalklausel des ordre public.* Sie besagt nach richtiger Ansicht zweierlei.

Einmal dient die Generalklausel des ordre public der *Gerechtigkeit:* fremdes materielles Recht ist nicht anzuwenden, wenn seine Anwendung deswegen untragbar wäre, weil das Ergebnis sich allzuweit von den Gerechtigkeitsvorstellungen des eigenen materiellen Rechts entfernen würde. Die *materielle* Gerechtigkeit, von der wir früher gesprochen haben, siegt hier über die *internationale* (oder sonstige kollisionsrechtliche) Gerechtigkeit, weil es letztlich nur *eine* Gerechtigkeit gibt.

Sodann dient die Generalklausel des ordre public der *Machtverteilung:* fremdes materielles Recht ist nicht anzuwenden, wenn seine Anwendung deswegen untragbar wäre, weil sie fremde Macht allzu sehr stärken oder eigene Macht allzu sehr schwächen würde. *Fremde Macht* kann *allzu sehr gestärkt* werden, wenn fremdes Recht, das fremder Macht, nämlich politischen oder wirtschaftspolitischen Interessen des fremden Staates, und nicht der Gerechtigkeit zwischen Privaten dient, in Fällen angewandt wird, in denen der fremde Staat keine Macht hat, zum Beispiel wenn er Sachen enteignet hat, die nicht in seinem, sondern in unserem Gebiet oder im Gebiete eines dritten Staates gelegen haben. *Eigene Macht* kann *allzu sehr geschwächt* werden, wenn fremdes Recht der Anwendung eigenen Rechts, das den politischen oder wirtschaftspolitischen Interessen des eigenen Staates dient, im

Wege steht. Dabei mag das fremde Recht durchaus der Gerechtigkeit zwischen Privaten und nicht der Macht des fremden Staates dienen; wir erkennen zum Beispiel ein fremdem Privatrecht unterliegendes Übereignungsgeschäft nicht an, weil uns untragbar erscheint, ein eigenes Enteignungsgesetz auf den Veräußerer nicht anzuwenden. Widerstreitet ein Eingriff in private Rechte, den ein fremder Staat vorgenommen hat, einem Eingriff, den wir selbst vorgenommen haben – zum Beispiel beide Staaten haben dieselbe Sache enteignet –, dann kann die Anwendung des fremden Rechts untragbar sein, weil sie sowohl fremde Macht allzu sehr stärkt als auch eigene Macht allzu sehr schwächt.

Generalklauseln enthalten *unbestimmte Rechtsbegriffe*. Ein solcher ist auch der „ordre public", die *„öffentliche Ordnung"*. Art. 30 EGBGB, der die Generalklausel des ordre public für das deutsche internationale Privatrecht wiedergibt, spricht von Verstößen des ausländischen Rechts gegen die *„guten Sitten"* oder gegen „den *Zweck eines deutschen Gesetzes"*.

Generalklauseln haben die Tendenz, sich zu verfestigen und spezielle Normen, hier *Kollisionsnormen*, aus sich zu entlassen. Eine solche Entwicklung können wir zum Teil auch bei der Ausbildung der Kollisionsnorm beobachten, daß fremde Staatseingriffe in private Rechte anzuerkennen sind, wenn der fremde Staat die Grenzen seiner Macht eingehalten hat. Denn bei Staatseingriffen *in Verträge* (zum Beispiel durch währungs- und devisenrechtliche Vorschriften, durch Ein- und Ausfuhrverbote, durch Verbote des Abschlusses bestimmter Versicherungsverträge) ging die deutsche (und weithin auch die ausländische) Rechtsprechung *zunächst* von dem Recht aus, das den Vertrag nach internationalem Privatrecht beherrschte. War das Recht eines *fremden* Staates maßgebend, so berücksichtigte man wirtschaftspolitische Eingriffe dieses Staates, wenn er sich durchsetzen konnte; andernfalls setzte die Rechtsprechung den deutschen ordre public ein. Unterlag der Vertrag *deutschem Recht*, so wurde je nach der Machtlage entweder mit Rücksicht auf die fremden Rechtssätze der Vertrag wegen Sittenverstoßes (§ 138 BGB) oder wegen tatsächlicher Unmöglichkeit der Erfüllung beseitigt oder aber ohne Rücksicht auf das fremde Recht bei Bestand gelassen[15]. Heute indessen haben wir für Staatseingriffe eine *Kollisionsnorm*.

Wenn wir nun auch heute durch eine Kollisionsnorm die Anerkennung dieser Eingriffe davon abhängig machen, daß der fremde Staate die Grenzen seiner Macht eingehalten hat, so bleibt doch gegenüber solcher Anerken-

[15] *Soergel* (oben Anm. 1), S. 48–50.

nung und damit Anwendung ausländischen Rechts für *besondere Fälle* der Vorbehalt des *ordre public* bestehen. So wird man die Enteignungen von Dingen des *persönlichen Gebrauchs* (Nähmaschinen, Möbel), die Polen und die Tschechoslowakei gegen Deutsche bei ihrer Vertreibung durchgeführt haben, aus Gründen der *Humanität* nicht anerkennen. Ebenso meines Erachtens nicht Enteignungen von *Betriebsvermögen,* wenn es einem Flüchtling gelungen ist, solche Sachen zu retten.

Gründe der Humanität sind Gründe der *Gerechtigkeit.* Ein Machtexzeß bleibt nicht nur dann unbeachtet, wenn der Machtanspruch die wirkliche Macht überschreitet, nämlich wenn in den Machtbereich anderer Staaten eingegriffen wird (Kollisionsnorm des internationalen Verwaltungsrechts). Er bleibt vielmehr auch dann unbeachtet, wenn die Ausübung wirklicher Macht die auf Gründen der Gerechtigkeit zwischen den Einzelnen beruhende privatrechtliche Ordnung in unerträglicher Weise durchbricht (Generalklausel des ordre public im Dienste der Gerechtigkeit). Das Interesse an der internationalen Ordnung (oben S. 9) tritt dann zurück.

Man könnte überlegen, ob nicht primär der Gerechtigkeit dienende Eingriffe eines fremden Staates in private Rechte – falls solche vorkommen sollten – auch dann anzuerkennen wären, wenn der fremde Staat seine wirkliche Macht überschreitet.

Freilich könnte man derartige Eingriffe überhaupt nur anerkennen, wenn sie von einem Staate ausgingen, dessen Rechtsordnung nach internationalem Privatrecht das subjektive Recht beherrschte, in das eingegriffen worden ist. Denn nur diesem Staat wird ja kraft „internationaler" Gerechtigkeit die Wahrung der „materiellen" Gerechtigkeit übertragen (oben S. 7). Damit käme man für den wichtigen Fall der Enteignung von Sachen auf die lex rei sitae, also zur selben Anknüpfung wie im internationalen Verwaltungsrecht. Auch wenn Sachen unmittelbar im Dienste der Gerechtigkeit und nicht der Macht enteignet würden, könnte die Enteignung in anderen Staaten immer nur wirksam sein, wenn die Sachen im enteignenden Staat lägen. Würde etwa ein fremder Staat unmittelbar im Dienste der Gerechtigkeit – immer unterstellt, daß so etwas vorkommt – seine Privatbahnen in der Weise verstaatlichen, daß er den Eisenbahngesellschaften ihr Vermögen wegnähme, so würden davon Lagerschuppen und Verladeeinrichtungen im Ausland sicherlich nicht berührt[16]. Würden dagegen die Privatbahnen in

[16] Vgl. das Beispiel von *Seidl-Hohenveldern* (oben Anm. 5), S. 183 [21]: Verstaatlichung der englischen Eisenbahnen, die Lagerschuppen und Verladeeinrichtungen in den Kanalhäfen des europäischen Festlands unterhalten hatten.

der Weise verstaatlicht, daß den Aktionären der Eisenbahngesellschaften ihre Mitgliedschaftsrechte entzogen würden, so ergäbe sich allerdings ein Unterschied, falls man die Enteignung von Mitgliedschaftsrechten nur mit Wirkung für das im Enteignungsstaat liegende Gesellschaftsvermögen anerkennt (darüber unten S. 33). Denn internationalprivatrechtlich ist für Aktien maßgebend das Recht des Gesellschaftssitzes. Zwar wären in den beiden Fällen Eigentümer der ausländischen Lagerschuppen und Verladeeinrichtungen die Eisenbahngesellschaften. Aber nach der Regel des internationalen Verwaltungsrechts bestünden für das Auslandsvermögen die Gesellschaften noch aus ihren alten (insoweit unwirksam enteigneten) Aktionären, während nach der Regel des internationalen Privatrechts für alles Gesellschaftsvermögen die Gesellschaften aus den neuen Aktionären bestünden.

Dennoch wird es bedenklich stimmen, wenn ein Staat unmittelbar zur Verwirklichung der Gerechtigkeit zwischen den Einzelnen ausgerechnet den Weg des Staatseingriffs in private Rechte wählen sollte, statt etwa seine Regeln über den Erwerb oder den Inhalt von Rechten – sei es selbst mit Rückwirkung – zu ändern oder auf rechtsgeschäftlichem Wege (Kauf statt Enteignung) Abhilfe zu suchen[17]. Schweren Gerechtigkeitsmängeln seines Privatrechts wirkt schon unsere internationalprivatrechtliche Generalklausel des ordre public entgegen. Bloße Verbesserungen der Gerechtigkeit aber, wenn sie durch Staatseingriff erfolgen, sollte man nur anerkennen, soweit der eingreifende Staat sich in den Grenzen seiner Macht gehalten hat. Weder zu uns noch in einen dritten Staat darf er mit solchen Methoden hinüberwirken. Im eigenen Hause sollte immer nur der eigene Staat enteignen.

II. Problemtypen

Werfen wir an dieser Stelle einen Blick zurück. Wir haben damit begonnen, den *Boden* zu prüfen, in dem Probleme des internationalen Enteignungs- und Währungsrechts wurzeln. Es ergab sich systematisch: diese Probleme gehören ins *internationale Verwaltungsrecht.* Es ergab sich aus rechtspolitischen Gründen die *Kollisionsnorm:* ausländische Staatseingriffe in private Rechte werden grundsätzlich anerkannt, wenn der ausländische Staat sich in den Grenzen seiner Macht gehalten hat, sonst nicht; auch wenn der fremde Staat die Grenzen seiner Macht nicht überschritten hat, kann

[17] Zwangsvollstreckung und Konkurs stehen auf anderem Brett; sie gelten für alle und ihre Voraussetzungen liegen ein für allemal fest. Vgl. auch unten Anm. 33.

ausnahmsweise die Anerkennung bei untragbaren Verstößen gegen die Gerechtigkeit versagt werden.

Da wir hier nicht das ganze internationale Enteignungs- und Währungsrecht vorführen können, erhebt sich nunmehr die Frage der *Auswahl.* Das Grundproblem des Verhältnisses von Gerechtigkeit und Macht ist schon berührt worden. Vielleicht lohnt es sich, zunächst auf einige Problemtypen hinzuweisen, die dem internationalen Enteignungs- und Währungsrecht gemeinsam sind, und zwar einerseits die *Grenzen der Macht* etwas näher zu betrachten, auf die es nach der Kollisionsnorm für die Anerkennung ausländischer Staatseingriffe in private Rechte ankommt, andererseits zu prüfen, welche *Wirkungen im materiellen Recht* diese Kollisionsnorm auslöst.

1. Machtgrenzen

Was die Machtgrenzen anlangt, so wird die Macht eines Staates ausgeübt durch *Polizei* und notfalls *Militär.* Die Macht richtet sich zwar wie das Recht gegen Personen (für Robinson gibt es weder Macht noch Recht). Sie bezieht sich aber, soweit es um Vermögenswerte geht, anders als das Recht praktisch nur auf *Sachen,* und zwar nur auf Sachen *im Staatsgebiet* (von Krieg und Besetzung abgesehen). Die Perser üben zum Beispiel ihre Macht über die Raffinerien von Abadan aus, indem sie die Engländer vertreiben und selbst Besitz ergreifen. Streng genommen kann daher ein Staat nur *Rechte an Sachen* (Eigentum, Nießbrauch, Pfandrecht) wirksam enteignen.

Nun arbeiten jedoch entwickelte Rechtsordnungen nicht bloß mit Rechten an Sachen, sondern kennen *vergeistigte* Rechte wie Forderungen und Mitgliedschaftsrechte. Aber diese Rechte können im Ernstfall auch wieder nur mit Hilfe von Sachen durchgesetzt werden. Zum Beispiel dem Schuldner, der nicht zahlt, werden im Wege der Zwangsvollstreckung Sachen weggenommen, versteigert, und aus dem Erlös wird der Gläubiger befriedigt. Wenn also ein Staat eine Forderung enteignet oder durch Währungseingriffe herabsetzt, so liegt das Kriterium seiner Macht darin, ob er auf *Sachen* des Schuldners zugreifen kann. (Zwar könnte man auch den Zwang gegen die *Person* des Schuldners in Betracht ziehen, etwa den Zwang durch Schuld- oder Strafhaft, der den Schuldner nötigen würde, Sachen aus dem Ausland herbeizuschaffen, um im Falle der Enteignung einer Forderung den neuen Gläubiger zu befriedigen; aber das ist Theorie.) Hat nun ein Schuldner *Vermögen in mehreren Ländern* und wird in einem dieser Länder die Forderung des Gläubigers enteignet oder durch Währungseingriff herabgesetzt, so erhebt sich die Frage: Wie steht es hier mit der Anerkennung des Staatseingriffs in anderen Ländern?

2. *Wirkungen im materiellen Recht*

Die zweite Frage, die uns etwas näher beschäftigen soll, ist die nach den *Auswirkungen* fremder Enteignungen und Währungseingriffe *im materiellen Recht,* und zwar in demjenigen materiellen Recht, *das nach den Regeln des internationalen Privatrechts anwendbar ist.* Hier ist zu unterscheiden zwischen dem *Regel*fall, in dem das maßgebende materielle Recht nur die Folgerungen aus der Anerkennung oder Nichtanerkennung des fremden Staatseingriffs zieht, und den Ausnahmefällen, in denen es sich abwandelt.

a) Regel

Wird ein fremder Staatseingriff *nicht anerkannt,* so liegt der Regelfall einfach: der Eingriff wird ignoriert, zum Beispiel bei Enteignung der bisherige Eigentümer in jeder Beziehung weiterhin als Eigentümer behandelt.

Das einfachste Beispiel für den *anerkannten* Staatseingriff ist die Enteignung einer im Enteignungsstaat belegenen *Sache* und ihr späteres Eintreffen im Inland; etwa Zeiss-Gläser aus Jena oder Benzin aus Abadan kommen in die Bundesrepublik. Hier ist die Herausgabeklage des früheren Eigentümers abzuweisen, weil er das Eigentum wirksam verloren hat. Die Enteignung hat hier *unmittelbare Exportwirkung.* Wir setzen unsere Macht ein, um den Machtakt des Enteignungsstaats zu stützen. Die Wirksamkeit der Enteignung ist hier *Haupt*frage. Sie kann auch *Vor*frage für andere Rechtsverhältnisse sein und hat dann *mittelbare* Exportwirkung. Zum Beispiel der enteignete Kraftwagen bleibt im Enteignungsstaat. Er wird dort gestohlen und vom Dieb gegen einen Baum gefahren. Der neue und der alte Eigentümer verklagen den Dieb in der Bundesrepublik, wo er Vermögen hat, auf Schadenersatz. Der neue Eigentümer würde durchdringen, der alte abgewiesen werden.

Auch bei anerkannten Staatseingriffen in *vergeistigte Rechte* gibt es unmittelbare und mittelbare Exportwirkung. Will man bei *Forderungen* die Machtgrenze darin erblicken, daß der Schuldner im eingreifenden Staat seinen *Wohnsitz*[18] hat, so muß bei Forderungsenteignung die Leistungsklage des neuen Gläubigers gegen den Schuldner durchdringen, auch wenn der

[18] An Stelle des Wohnsitzes wählt man besser den *gewöhnlichen Aufenthalt.* Doch sei von dieser Variante hier und im folgenden abgesehen.

Schuldner nach der Enteignung seinen Wohnsitz in unser Gebiet verlegt hat *(unmittelbare Exportwirkung)*[19]. Ebenso muß bei uns die Schadenersatzklage des neuen Gläubigers gegen einen Dritten durchdringen, der wegen Forderungsverletzung haftbar ist, etwa weil er im Enteignungsstaat die geschuldete Sache zerstört hat, damit der neue Gläubiger sie nicht erhalte, oder weil er die enteignete Forderung in den Fällen, in denen dies möglich ist, wirksam an einen Gutgläubigen veräußert hat *(mittelbare Exportwirkung)*.

Die materiellrechtliche Lage verwickelt sich, wenn man bei Forderungen die Machtgrenze nicht darin erblickt, daß der Schuldner im eingreifenden Staat *wohnt*, sondern darin, daß er dort *Vermögen* hat. Dann gibt es *unmittelbare Exportwirkung* überhaupt nicht. Ob der Schuldner nach der Enteignung Vermögen aus dem Enteignungsstaat ins Inland oder aus dem Inland in den Enteignungsstaat verbringt, ist gleichgültig. Denn eine *Sache* liegt zwar entweder im enteignenden Staat oder in einem anderen Staat, und dasselbe gilt für den *Wohnsitz* des Schuldners. Grenzfälle dürfen hier ausscheiden (zum Beispiel Erstreckung eines Grundstückes über die Staatsgrenzen oder Doppelwohnsitz des Schuldners in zwei Staaten[20]). Das *Vermögen* des Schuldners hingegen liegt häufig teils im enteignenden Staat, teils in anderen Staaten. Erkennt man Forderungsenteignungen an, soweit der Schuldner im enteignenden Staat Vermögen hat, dann geschieht das, weil der neue Gläubiger im enteignenden Staat Zwangsvollstreckung und Konkurs betreiben kann, um die Forderung zu verwirklichen. Diese Mittel aber hat er zu *jeder* Zeit, nicht nur zur Enteignungszeit, und er hat sie immer, aber auch nur für das *jeweils* im enteignenden Staat greifbare Schuldnervermögen.

Entfällt hier demnach eine unmittelbare Exportwirkung der Forderungsenteignung, so erscheint als Kehrseite: Die Forderung hat sich *in zwei Forderungen gespalten* und damit verdoppelt. Die eine, dem neuen Gläubiger zustehende Forderung hat als Haftungsgrundlage das Schuldnervermögen im Enteignungsstaat (sie wirkt nur „für den Rechtsverkehr im Enteignungsstaat"). Die andere, dem alten Gläubiger zustehende Forderung hat als Haftungsgrundlage das Schuldnervermögen außerhalb des Enteignungsstaats.

[19] Z. B. BGH Betr 1955, 942 = BB 1955, 849.

[20] Zum Doppelsitz einer juristischen Person z. B. Fouad Bishara Jabbour v. State of Israel [1954] 1 W. L. R. 139, [1954] 1 All E. R. 145 (Geschäftsbetrieb einer englischen Versicherungsgesellschaft in Haifa); ferner *Upjohn, J.*, obiter *In re* Claim by Helbert Wagg & Co. Ltd. [1956] Ch. 323, 342–344, [1956] 1 W. L. R. 183, 191–193, [1956] 1 All E. R. 129, 136–138.

Mittelbare Exportwirkungen bleiben möglich. Der Schuldner, gegen den der neue Gläubiger im Enteignungsstaat vollstreckt hat, kann nicht bei uns gegen ihn aus ungerechtfertigter Bereicherung klagen. Hat ein Schuldner oder ein böswilliger Dritter die geschuldete Sache im Enteignungsstaat zerstört oder aus dem Enteignungsstaat herausgebracht, um den Anspruch des neuen Gläubigers zu vereiteln, so hat der neue Gläubiger grundsätzlich gegen ihn Schadenersatzansprüche auch bei uns.

b) Ausnahmen

Von der Regel, daß das anwendbare materielle Privatrecht den nicht anerkannten fremden Staatseingriff ignoriert und die Folgen des anerkannten fremden Staatseingriffs hinnimmt, gibt es Ausnahmen. Sie sind unabhängig davon, ob der fremde Staatseingriff *anerkannt* wird oder nicht. Sie berücksichtigen ihn als *Tatsache*. Zwei Wege stehen offen. Das materielle Recht kann aus*gleichen* oder aus*weichen*.

aa) Ausgleich im materiellen Recht

Als Ausgleichsmittel kommt bei Staatseingriffen in *Forderungen* vor allem *Wegfall der Geschäftsgrundlage* in Betracht. Erkennen wir zum Beispiel die Ostenteignung einer Forderung gar nicht an oder erkennen wir sie teilweise an, indem wir daneben die Forderung des alten Gläubigers bestehen lassen, so muß der Schuldner doppelt leisten. Dann begründet die Ostenteignung als Staatseingriff für ihn eine Erschütterung der Geschäftsgrundlage. Der alte Gläubiger muß sich eine Herabsetzung seiner Forderung, und zwar grundsätzlich auf die Hälfte, gefallen lassen. Der Schuldner braucht also nur *anderthalbmal, nicht zweimal* zu leisten.

Streng genommen müßte auch der Osten (wegen des Fortbestandes der Forderung des alten Gläubigers bei uns) die Forderung des neuen Gläubigers halbieren, wenn dieser im Osten gegen den Schuldner vorgeht. Das Ergebnis wäre dann: der Schuldner brauchte nur einmal zu leisten, jeder Gläubiger bekäme die Hälfte. Oder, wenn man auch den Schuldner einen Teil des Schadens tragen läßt: der Schuldner müßte *eineindrittel* leisten, und jeder Gläubiger bekäme *zwei Drittel*.

In Wirklichkeit wird jedoch im Osten die Forderung des neuen Gläubigers nicht deswegen herabgesetzt, weil im Westen auch oder allein dem alten Gläubiger die enteignete Forderung zusteht und deswegen für den Schuldner die Geschäftsgrundlage weggefallen ist. Es bleibt also im Westen nur die zuerst genannte Möglichkeit, die Forderung des alten Gläubigers herabzusetzen, so daß der Schuldner grundsätzlich nur anderthalbmal, nicht zweimal leisten muß.

Nur dann ist es anders, wenn wir die Ostenteignung der Forderung anerkennen (etwa weil der Schuldner bei Enteignung im Osten gewohnt hat), daneben aber dem alten Gläubiger sein Recht lassen (etwa weil er durch Hypothek an einem Westgrundstück gesichert ist), und wenn der neue Gläubiger nicht im Osten (etwa weil der Schuldner dort kein Vermögen hat), sondern bei uns gegen den Schuldner vorgeht. Hier können wir auch seine und nicht bloß die Forderung des alten Gläubigers wegen Wegfalls der Geschäftsgrundlage herabsetzen.

Der Weg zu diesen Ergebnissen verwickelt sich noch dadurch, daß die Regeln über Wegfall der Geschäftsgrundlage dem materiellen Privatrecht angehören. Es muß also die international-privatrechtliche Frage geklärt werden, ob wir eigenes oder fremdes Geschäftsgrundlagerecht anzuwenden haben[21]. Damit ergeben sich im Verhältnis zwischen Bundesrepublik und DDR folgende Fragen:

1. Wann ist nach dem *internationalen Privatrecht der Bundesrepublik* materielles Privatrecht der Bundesrepublik oder der DDR anzuwenden[22]?
2. Wie entscheidet das *internationale Privatrecht der DDR?* Die Frage wäre theoretisch wichtig wegen eines etwaigen Renvoi. Tatsächlich dürfte in der DDR ein Renvoi auf materielles Geschäftsgrundlage-Privatrecht der Bundesrepublik, jedenfalls im Zusammenhang mit einer ostenteigneten Forderung, nicht vorkommen.
3. Welche Regeln enthält das *materielle Privatrecht der DDR* über Wegfall der Geschäftsgrundlage? Die Antwort lautet für Ostenteignungen, wie oben erwähnt: gar keine.
4. Können, obwohl nach dem internationalen Privatrecht der Bundesrepublik das materielle Privatrecht der DDR für die enteignete Forderung maßgebend ist (sei es, daß das internationale Privatrecht der DDR allgemein oder [oben 2.] wegen der Ostenteignung nicht zurückverweist), die *Geschäftsgrundlageregeln des materiellen Privatrechts der Bundesrepublik* angewandt werden? Diese Frage ist m. E. zu bejahen, wenn im materiellen Privatrecht der DDR vorhandene Geschäftsgrundlageregeln deswegen nicht angewandt (oder nicht vorhandene deswegen nicht ausgebildet) werden oder wenn im internationalen Privatrecht der DDR eine

[21] Zwischen internationalem und interlokalem Privatrecht unterscheiden wir hier nicht: oben S. 6.

[22] Dazu *Soergel* (oben Anm. 1), S. 54.

Rückverweisung deswegen unterbleibt, weil nach dem Recht der Bundesrepublik die enteignete Forderung auch oder allein dem alten Gläubiger zusteht und darum wegen Wegfalls der Geschäftsgrundlage herabgesetzt würde. Materielles und internationales Privatrecht, das im Dienste politischer oder wirtschaftspolitischer Hoheitsakte steht, muß dessen Anwendungsbereich teilen[23]. Beispiele:

a) Vom Standpunkt des *Wohnsitzprinzips:* die Forderung des A gegen den in der Bundesrepublik wohnhaften B ist in der DDR enteignet. Die Forderung unterliege nach internationalem Privatrecht der Bundesrepublik grundsätzlich dem materiellen Privatrecht der DDR. Danach könnte die Forderung nicht deswegen herabgesetzt werden, weil B in der DDR zur Leistung an den neuen und in der Bundesrepublik zur Leistung an den alten Gläubiger gezwungen wird. Die DDR würde hier die für die Frage der *Aktivlegitimation* erhebliche internationalverwaltungsrechtliche Vorfrage der Enteignungswirkung anders entscheiden als die Bundesrepublik, die vom Wohnsitzprinzip ausginge. Sie würde außerdem – und zwar ebenfalls im Interesse der Durchsetzung der von ihr ausgesprochenen Enteignung – für die Frage der *Höhe* der Forderung zum Vorteil des neuen Gläubigers und zum Nachteil des Schuldners an dem vom Standpunkt des internationalen Verwaltungsrechts der DDR nur als „Tatsache" zu wertenden Sachverhalt vorbeigehen, daß der Schuldner in der Bundesrepublik zur Leistung an den alten Gläubiger gezwungen wird. Für uns in der Bundesrepublik besteht kein Grund, das mitzumachen. Wir werden daher unser eigenes Geschäftsgrundlagerecht anwenden und hierbei der vom Standpunkt unseres internationalen Verwaltungsrechts bestehenden „Tatsache" Rechnung tragen, daß in der DDR der Schuldner zur Leistung an den neuen Gläubiger und zur Leistung an ihn in voller Höhe gezwungen wird. Liegt der Fall so, daß der Schuldner der in der DDR enteigneten Forderung dort wohnt, so entsteht, wenn in unserem internationalen Verwaltungsrecht vom Wohnsitzprinzip ausgegangen wird, kein Geschäftsgrundlagefall: der Schuldner wird auch bei uns zur Leistung nur noch an den neuen und nicht mehr an den alten Gläubiger verhalten.

b) Vom Standpunkt des *Vermögens*prinzips: die Forderung des A gegen B ist in der DDR enteignet. Hat B Vermögen nur in der DDR oder

[23] Vgl. für Hoheitsakte der Justiz (z. B. Pfändungen), die der Durchsetzung von Enteignungen dienen, unten Anm. 33.

nur in der Bundesrepublik, so entsteht kein Geschäftsgrundlagefall, weil B in beiden Fällen nur einmal leisten muß: im ersten Falle nur an den neuen, im zweiten nur an den alten Gläubiger. Hat dagegen B Vermögen sowohl in der DDR wie in der Bundesrepublik, so ist die Lage dieselbe wie vom Standpunkt des Wohnsitzprinzips, wenn B in der Bundesrepublik wohnt: in der DDR muß er voll leisten und diese „Tatsache" müssen wir nach unserem Geschäftsgrundlagerecht zur Minderung der Forderung des alten Gläubigers A berücksichtigen.

Die deutsche Rechtsprechung hilft dem Schuldner viel einfacher und wirksamer. Sie gibt ihm gegenüber dem alten, ostenteigneten Gläubiger ein *Leistungsverweigerungsrecht*, wenn auch nur die Gefahr besteht, daß er im Osten dem neuen Gläubiger leisten muß, insbesondere wenn die enteignete Forderung durch Hypothek oder Grundschuld an einem Ostgrundstück gesichert ist[24]. Dieses Leistungsverweigerungsrecht beruht auf Westrecht und von dessen Anwendbarkeit wird stillschweigend ausgegangen. In der Sache entrechtet es den alten Gläubiger zu weitgehend. Der Schaden aus der Doppelzahlung müßte zwischen Schuldner und altem Gläubiger geteilt werden.

Zwar wird der alte Gläubiger nicht geschützt, wenn wir selbst ihn enteignen oder eine Ostenteignung so anerkennen, daß ihm kein Rest seines Rechts

[24] BGH NJW 1952, 420: Bei Nichtanerkennung der Enteignung der Forderung und Anerkennung der Enteignung der Osthypothek vorübergehendes Leistungsverweigerungsrecht des Schuldners nach § 242 BGB nach den Umständen gegenüber der persönlichen Forderung;

BGH NJW 1953, 861: Bei Nichtanerkennung der Enteignung der Forderung (hier: Abspaltung Ost-Berlins und seiner Kreditinstitute) dauerndes Leistungsverweigerungsrecht des Schuldners nach § 242 BGB wegen Gefahr des Zugriffs des Enteignungsbegünstigten auf Ostvermögen des Schuldners;

BGH JR 1954, 21: Bei Nichtanerkennung der Enteignung der Forderung (hier: Abspaltung Ost-Berlins und seiner Kreditinstitute) und Anerkennung der Enteignung der Ostgrundschuld dauerndes Leistungsverweigerungsrecht des Schuldners nach § 242 BGB; Gläubiger kann Leistungsverweigerungsrecht durch Sicherungsleistung abwenden;

BGHZ 12, 79 (86–89) = MDR 1954, 344 = NJW 1954, 796: Bei (dahingestellter) Anerkennung der Enteignung der Forderung und Nichtanerkennung der Enteignung von Westhypotheken dauerndes Leistungsverweigerungsrecht des Schuldners nach § 242 BGB bei schuldloser irrtümlicher Zahlung an den Enteignungsbegünstigten;

BGH JR 1954, 179 = MDR 1954, 286: Bei Nichtanerkennung der Enteignung der Forderung und Anerkennung der Enteignung der Osthypotheken dauerndes Leistungsverweigerungsrecht des Schuldners nach § 242 BGB mit der Folge eines Bereicherungsanspruchs und bei Verschulden des Gläubigers sogar eines Schadenersatzanspruchs, wenn der Schuldner irrtümlich geleistet hat;

BGH Betr 1955, 381 (nur Leitsatz): Leistungsverweigerungsrecht des Westschuldners gegenüber Forderung eines West-Berliner Geldinstituts außer bei Sicherheitsleistung gegen Inanspruchnahme durch abgespaltenes Ost-Berliner Geldinstitut;

verbleibt[25]. Aber das ist kein Grund, wenn er noch Gläubiger ist, allein auf seinem Rücken auszutragen, daß auch ein anderer (der Neue) Gläubiger ist oder sich wenigstens durchsetzen kann. Sollte der Schuldner, wenn er ausnahmsweise im Westen sowohl vom alten wie vom neuen Gläubiger verklagt werden kann (vgl. den Fall oben S. 21), *beiden* die Leistung verweigern dürfen, nämlich jedem wegen der möglichen Zahlung an den anderen? Offenbar ist hier ein Ausgleich nötig und nicht nur auf der Gläubiger-, sondern auch auf der Schuldnerseite.

Überdies harmoniert die einseitige Begünstigung des Schuldners durch das Leistungsverweigerungsrecht wenig mit der noch immer nicht ganz klaren Haltung der Rechtsprechung zu der Frage, ob sich der Schuldner auf Wegfall der Geschäftsgrundlage berufen kann, wenn ihm selbst Vermögensgegenstände durch Ostenteignung genommen worden sind[26]. Die Frage ist zu bejahen und deswegen die Forderung grundsätzlich nur herabzusetzen und nicht zu streichen. Ob aber durch Ostenteignung die Aktiven des Schuldners vermindert oder (durch Enteignung einer gegen ihn gerichteten Forderung) seine Passiven vermehrt werden, sollte gleich sein.

Das materielle Recht kennt schließlich auch die Befreiung des Schuldners wegen *Unmöglichkeit der Leistung*. Aber wenn sie durch Staatseingriff her-

BGH Betr 1955, 555 (nur Leitsatz) = BB 1955, 430, 433 = JR 1955, 419 = MDR 1955, 404 = NJW 1955, 1065 (nur Leitsatz): Bei Nichtanerkennung der Enteignung der Forderung (hier: Abspaltung Ost-Berlins und seiner Kreditinstitute) dauerndes Leistungsverweigerungsrecht des Schuldners bei Wahrscheinlichkeit, nicht schon bei bloßer Möglichkeit doppelter Inanspruchnahme.

BGH Betr 1955, 555 = BB 1955, 459: Bei Nichtanerkennung der Enteignung der persönlichen Forderung und der Westhypothek dauerndes Leistungsverweigerungsrecht des Schuldners nach § 242 BGB bei schuldloser Zahlung an den Enteignungsbegünstigten;

BGH Betr 1955, 1015: Bei Anerkennung der Enteignung der Forderung und Nichtanerkennung der Enteignung der Westhypothek Befreiung des Schuldners durch schuldlose Zahlung an den Enteignungsbegünstigten;

BGH Betr 1955, 942 = BB 1955, 877: Bei Nichtanerkennung der Enteignung der Forderung (hier: Abspaltung Ost-Berlins und seiner Kreditinstitute) vorübergehendes Leistungsverweigerungsrecht des Schuldners nach § 242 BGB bei Wahrscheinlichkeit, nicht bloßer Möglichkeit doppelter Inanspruchnahme des Schuldners (hier: nicht verpfändetes Ostgrundstück); Gläubiger kann Leistungsverweigerungsrecht durch Sicherheitsleistung abwenden; ob Anerkennungsfrage richtig entschieden, stehe dahin, da Zeitpunkt der Übersiedlung des Beklagten nach West-Berlin nicht erkennbar.

[25] Dies ist sicher geltendes Recht, mag es vielleicht auch ungerecht sein und nicht übereinstimmen mit der anderen Regel, daß Berufung auf Wegfall der Geschäftsgrundlage noch möglich ist nach vollständiger Abwicklung eines Vertrags (der der Übergang vom alten auf den neuen Gläubiger entsprechen würde).

[26] Dagegen z. B. anscheinend BGH Betr 1955, 751 (Darlehen); dafür aber mit Recht z. B. BGH Betr 1956, 685 (Pension, Vertragshilfe); BAG BB 1955, 640 (Pension); OLG Düsseldorf NJW 1955, 1795 (Grundstückskauf).

beigeführt wird, wäre für den *Gläubiger* Wegfall der Geschäftsgrundlage gegeben. So haben die Aktionäre der in Mitteldeutschland gelegenen Riebeckschen Braunkohlenwerke auf Grund eines Gesellschaftsvertrags zwischen Riebeck und der I. G. Farbenindustrie, der eine Zusammenarbeit zwischen Riebeck und den Leunawerken der I. G. Farbenindustrie bezweckte, während der Dauer des Vertrags ein Umtauschrecht 2 : 1 von Riebeck-Aktien in I.G.-Aktien. Man kann sich auf den Standpunkt stellen, daß die Durchführung des Gesellschaftsvertrags wegen der Ostenteignungen von Riebeck und Leuna unmöglich geworden und der Vertrag damit erloschen ist. Folglich wäre die I. G. von der Umtauschpflicht frei. Es könnten sich aber die Riebeck-Aktionäre auf Wegfall der Geschäftsgrundlage berufen, weil das Ende des Gesellschaftsvertrags durch Staatseingriff herbeigeführt ist, und vielleicht Umtausch 4 : 1 verlangen (m. E. allerdings nicht, weil auch die I. G. durch die Ostenteignung verloren hat, und zwar viel mehr als die Riebeck-Aktionäre).

bb) Ausweichen des materiellen Rechts

Das materielle Recht kann nicht nur nachträglich ausgleichen, insbesondere wegen Wegfalls der Geschäftsgrundlage. Es kann auch von vornherein ausweichen. Derartiges finden wir bei *währungs- und devisenrechtlichen Eingriffen* in Geldforderungen, die nur aus technischen Gründen als Geldforderungen ausgestaltet sind, in Wahrheit aber andere Ziele verfolgen, etwa dem Gläubiger *Schaden* zu ersetzen oder *Unterhalt* zu verschaffen. So ist es möglich, daß sich eine Unterhaltsforderung beim Fehlen geeigneter Möglichkeiten der Zahlung von einem Währungsgebiet ins andere in einen *Natural*anspruch verwandelt, der durch Versendung von Paketen zu erfüllen ist.

Nach diesem Hinweis auf die Probleme der Machtgrenzen als Voraussetzung für die Anerkennung fremder Enteignungen und Währungseingriffe, ferner auf die materiellrechtlichen Folgen fremder Enteignungen und Währungseingriffe wollen wir uns nun einigen Sachlagen des internationalen Enteignungs- und Währungsrechts zuwenden. Es wird sich zeigen, daß die Probleme zum Teil ineinandergreifen.

III. Internationales Enteignungsrecht

1. Sachen

Die Macht des enteignenden Staates folgt aus der *Belegenheit* einer Sache in seinem Gebiet im Zeitpunkt der Enteignung. Daher wird zum Beispiel die

Enteignung eines *Schiffes* nur anerkannt, wenn sich das Schiff zur Zeit der Enteignung in den Gewässern des enteignenden Staates befunden hat. Dagegen wird die Schiffsenteignung nicht anerkannt, wenn das Schiff zur Zeit der Enteignung auf hoher See gefahren ist oder in einem ausländischen Hafen vor Anker gelegen hat.

Auch die materiellrechtlichen Wirkungen sind klar: das Eigentum ist entweder auf einen neuen Herrn übergegangen (so im Falle der Anerkennung der Enteignung) oder beim alten Eigentümer geblieben (so im Falle der Nichtanerkennung der Enteignung) mit allen unmittelbaren und mittelbaren Folgen, die sich daraus ableiten.

2. *Forderungen*

Auch bei Forderungen fragt man zur Bestimmung der Grenzen der Macht des enteignenden Staats nach ihrer *„Belegenheit"*. Natürlich ist das nur ein Bild. Denn Forderungen als vergeistigte Rechte befinden sich nicht im Raum. Aber welcher Staat hat *Macht* über eine Forderung?

Man ist sich heute darüber einig, daß es nicht der Staat ist, dem der *Gläubiger angehört* oder in dem der *Gläubiger wohnt*. So gehen mit der Enteignung eines Unternehmens, mag sie auch im übrigen anzuerkennen sein, nicht die Auslandsguthaben des Unternehmens über. Vergeblich klagten daher während des Dritten Reichs die deutschen Treuhänder jüdischer Unternehmen die Forderungen aus Auslandslieferungen ein: der emigrierte Eigentümer erhielt sie zugesprochen. Gleichgültig ist auch, in welchem Staat der *Erfüllungsort* liegt und *welchem Recht* die Forderung nach den Regeln des internationalen Privatrechts unterliegt.

Die heute herrschende Meinung geht vielmehr dahin: Macht über eine Forderung hat der Staat, in dem der Schuldner im Zeitpunkt der Enteignung seinen *Wohnsitz* hat. Für den Schuldner entsteht die Gefahr der *Doppelleistung*, wenn er im Enteignungsstaat keinen Wohnsitz, aber Vermögen hat, so daß dort der neue Gläubiger vollstrecken kann. Das materielle Recht, das nach internationalem Privatrecht die Schuld beherrscht, kann *ausgleichen*, wenn es, wie meist, Regeln über den Wegfall der Geschäftsgrundlage entwickelt hat.

Der Einwand gegen die Anknüpfung an den Schuldnerwohnsitz liegt darin, daß sie den Machtgedanken nicht folgerichtig durchführt. Macht ist, wie wir gesehen haben[27], Macht über *Sachen*. Es kann aber sein, daß sich alle

[27] Oben S. 17.

Sachen des Schuldners (und auch alle vergeistigten Rechte des Schuldners wie Forderungen und Mitgliedschaftsrechte, wenn sie wieder auf Sachen zurückgeführt werden) außerhalb des Wohnsitzstaats befinden. Nehmen wir einen in der DDR wohnhaften Schuldner, dessen gesamtes Vermögen sich in der Bundesrepublik befindet. Sollen wir den von der DDR enteigneten Gläubiger bei uns, wo er allein seine Forderung durchsetzen könnte, deswegen rechtlos stellen, weil der Schuldner, der vielleicht inzwischen selbst hierher übergesiedelt ist, im Zeitpunkt der Enteignung in der DDR gewohnt hat?

Wäre es nicht besser, den *Machtgedanken uneingeschränkt* walten und die Forderungsenteignung immer und nur mit Wirkung für Schuldnervermögen im enteignenden Staat wirken zu lassen? Sollte man nicht das Schuldner*wohnsitz*prinzip durch das Schuldner*vermögens*prinzip *ersetzen?*

Gegen das *Vermögens*prinzip spricht, daß es die Dinge *verwickelt.* Dies geschieht nach zwei Richtungen hin.

Einmal im Hinblick auf die *enteignete Forderung.* Nach dem Wohnsitzprinzip ist die Forderung entweder enteignet (wenn der Schuldner bei Enteignung im Enteignungsstaat wohnt) oder nicht enteignet (wenn der Schuldner bei Enteignung außerhalb des Enteignungsstaates wohnt). Fälle des Doppelwohnsitzes können außer Betracht bleiben[28]. Nach dem Vermögensprinzip ist, wenn der Schuldner im Enteignungsstaat und außerhalb Vermögen hat, die Forderung sowohl enteignet wie nicht enteignet. Sie ist enteignet mit Wirkung für das Schuldnervermögen im Enteignungsstaat. Sie ist nicht enteignet mit Wirkung für das Schuldnervermögen außerhalb des Enteignungsstaates. Die Forderung hat sich also verdoppelt. Theoretisch könnte die Forderung sogar in mehr als einem fremden Staate enteignet werden. Wir hätten dann so viele Forderungen wie Enteignungen, jede beschränkt auf das Schuldnervermögen im jeweils enteignenden Staat, und dazu noch die Forderung des alten Gläubigers, die für Schuldnervermögen in allen nicht enteignenden Staaten wirken würde. Die Gefahr der Doppelleistung, die nach dem Wohnsitzprinzip dem Schuldner nur de facto droht (nämlich wenn ein Staat die Forderung enteignet hat, in dem der Schuldner Vermögen, aber nicht Wohnsitz hat), droht ihm nach dem Vermögensprinzip wegen der Forderungsverdoppelung de jure. Unmittelbare Exportwirkung gibt es nur nach dem Wohnsitzprinzip: der enteignete alte Gläubiger hat seine Forderung an den neuen verloren, auch wenn der Schuldner nach der Enteignung seinen Wohnsitz aus dem enteignenden Staat herausverlegt hat[29]. Dagegen

[28] Oben Anm. 20.
[29] Oben S. 18 a. E. f.

gibt es nach dem Vermögensprinzip keine unmittelbare Exportwirkung. Denn die Enteignung der Forderung wirkt für das jeweilige Schuldnervermögen im Enteignungsstaat und wirkt nicht für das jeweilige Schuldnervermögen außerhalb des Enteignungsstaats [30].

Die zweite Verwicklung, die das Vermögensprinzip gegenüber dem Wohnsitzprinzip heraufbeschwört, liegt beim *Vermögen des Schuldners*. Sie tritt nicht auf, soweit in *Sachen* des Schuldners vollstreckt wird. Denn Sachen liegen entweder im Enteignungsstaat oder außerhalb (von Sachen, die sich über die Grenze erstrecken, sei auch hier abgesehen [31]). Sie dienen also der Befriedigung entweder des neuen Gläubigers (Sachen im Enteignungsstaat) oder des alten Gläubigers (Sachen außerhalb des Enteignungsstaats). Schwierigkeiten bereiten dagegen die *vergeistigten Rechte*, insbesondere Forderungen und Mitgliedschaftsrechte [32].

Angenommen: A hat eine Forderung gegen B, B hat eine Forderung gegen C (Drittschuldner). Die Forderung des A gegen B wird in der DDR zugunsten eines VEB enteignet. Da B nicht leistet, pfändet der VEB in der DDR die Forderung des B gegen C. Aus demselben Grunde pfändet A diese Forderung in der Bundesrepublik. C hat ein Grundstück in der DDR und ein anderes Grundstück in der Bundesrepublik. Sind die Pfändungen wirksam? Nach folgerichtigem Vermögensprinzip: ja! Das ist der Fluch der bösen Tat (Enteignung der Forderung des A gegen B), daß sie fortzeugend Böses muß gebären (Doppelpfändung der Forderung des B gegen C). Wird zunächst durch die Enteignung die enteignete Forderung verdoppelt (der Schuldner ist verpflichtet, zweimal zu zahlen), so werden nunmehr auch die Forderungen des Schuldners verdoppelt (wenn der Schuldner nicht zweimal zahlt, muß der Drittschuldner zweimal zahlen [33]). Die Schwierigkeiten wachsen,

[30] Oben S. 19.

[31] Oben S. 19.

[32] Über Urheberrecht und gewerbliche Schutzrechte: *Soergel* (oben Anm. 1), S. 74 f.

[33] Bei justizmäßigen Hoheitsakten (z. B. Pfändungen) knüpft man zwar im allgemeinen besser an den Schuldnerwohnsitz an als an die Belegenheit des Schuldnervermögens. Doch muß die Belegenheit des Schuldnervermögens entscheiden, wenn ein Staat Hoheitsakte der Justiz vornimmt, um andere Hoheitsakte durchzusetzen, mit denen er aus politischen oder wirtschaftspolitischen Gründen in private Rechte eingegriffen hat (z. B. in der DDR ist eine Forderung enteignet und der neue Gläubiger pfändet eine Forderung des Schuldners der enteigneten Forderung). Ebenso muß dann aber das Belegenheitsprinzip entscheiden, wenn derjenige, in dessen Recht ein Staat aus politischen oder wirtschaftspolitischen Gründen eingegriffen hat, in einem anderen Staat durch einen Hoheitsakt der dortigen Justiz das beeinträchtigte Recht zu verwirklichen trachtet (z. B. in der Bundesrepublik pfändet der in der DDR enteignete Gläubiger eine Forderung des Schuldners der enteigneten Forderung). Die Grenze, bis zu der die fremde Macht anerkannt wird, muß zugleich die

wenn aus der Forderung gegen den Drittschuldner vollstreckt wird in Forderungen des Drittschuldners gegen Viertschuldner (oder in Mitgliedschaftsrechte des Drittschuldners an Gesellschaften), die Vermögen sowohl im enteignenden Staat wie in anderen Staaten besitzen.

Oder derselbe Fall, aber es wird nicht eine Forderung, sondern ein GmbH-Anteil des B sowohl von dem Altgläubiger A in der Bundesrepublik wie von dem Neugläubiger VEB in der DDR gepfändet. Die GmbH hat Vermögen in der DDR und in der Bundesrepublik. Auch hier sind nach folgerichtigem Vermögensprinzip beide Handlungen wirksam. Nur hat sich hier die GmbH gespalten: für das GmbH-Vermögen in der DDR tritt derjenige in die GmbH ein, der den in der DDR gepfändeten GmbH-Anteil erwirbt; für das GmbH-Vermögen in der Bundesrepublik wird der Erwerber des hier gepfändeten GmbH-Anteils Gesellschafter[34]. Die Schwierigkeiten wachsen, wenn zum Vermögen der GmbH Beteiligungen an Gesellschaften (oder Forderungen gegen Schuldner) gehören, die ihrerseits wieder Vermögen im enteignenden Staat und außerhalb haben.

Die Unbequemlichkeiten, die das Vermögensprinzip schafft, können daher im Einzelfall gewaltig anschwellen. In der Regel werden sie jedoch gering sein. Der alte wie der neue Gläubiger werden entweder volle oder gar keine Befriedigung erhalten. Nicht immer kommt es zur Vollstreckung: oft leistet der Schuldner freiwillig oder die Vollstreckung ist aussichtslos. Die Gläubiger werden die Vollstreckung in vergeistigte Rechte wie Forderungen und Mitgliedschaftsrechte des Schuldners, deren Deckung (Vermögen des Drittschuldners oder der Gesellschaft) innerhalb und außerhalb des enteignenden Staates liegt, nach Möglichkeit meiden, weil sie sonst selbst in praktische Schwierigkeiten geraten.

Andererseits hat das Vermögensprinzip vor dem Wohnsitzprinzip den großen Vorzug, daß es die fremde Forderungsenteignung immer und nur so weit anerkennt, wie wirklich die Macht des enteignenden Staates reicht. Das

Grenze sein, bis zu der die eigene Gerechtigkeit reicht. Sonst entstehen Lücken oder Überschneidungen. Beispiel: Würde im Falle des Textes der Drittschuldner C in der DDR wohnen, dann würde nach dem Wohnsitzprinzip der Altgläubiger A die Forderung des B gegen C in der Bundesrepublik nicht pfänden und damit nicht in das in der Bundesrepublik gelegene Grundstück des C vollstrecken können und es entstünde, da nach dem Vermögensprinzip auch der VEB an dieses Grundstück nicht heran könnte, eine Lücke. Würde C in der Bundesrepublik wohnen, dann würde nach dem Wohnsitzprinzip, wenn es in der DDR ebenfalls befolgt würde, der Altgläubiger A in der DDR in das dort gelegene Grundstück des C vollstrecken können und es entstünde, da nach dem Vermögensprinzip auch der VEB an das dort gelegene Grundstück heran könnte, eine Überschneidung.

[34] Dazu noch näher unten S. 32–36.

Vermögensprinzip hindert Übergriffe des enteignenden Staates auf andere Staaten aus dem einzigen Grunde, weil der Schuldner im enteignenden Staat wohnt, während vielleicht sein Vermögen zum Teil oder ganz außerhalb des enteignenden Staates liegt. Andererseits trägt das Vermögensprinzip der Tatsache Rechnung, daß der neue Gläubiger im enteignenden Staat auf das dort belegene Schuldnervermögen greifen kann und greifen wird, auch wenn der Schuldner in einem anderen Staate wohnt.

Man sollte daher mit dem Vermögensprinzip einen Versuch wagen. Für Fälle, in denen sich praktisch unüberwindliche Schwierigkeiten ergeben, bleibt immer noch die Möglichkeit offen, Einschränkungen zu entwickeln.

Wahr bleibt: das Vermögensprinzip führt zur *Verdoppelung der Forderung*. Der Schuldner muß mit dem Vermögen, das er im enteignenden Staat hat, den neuen Gläubiger und mit dem Vermögen, das er außerhalb des enteignenden Staates hat, den alten Gläubiger befriedigen. Aber wie er nicht hindern kann, daß durch Enteignung seine Aktiven *vermindert* werden (indem ihm zum Beispiel im enteignenden Staat liegende Sachen genommen werden), so kann er nicht hindern, daß durch die Enteignung seine *Passiven vermehrt* werden (indem er dem neuen Gläubiger schuldet und zu dessen Befriedigung sein im enteignenden Staat liegendes Vermögen angreifen muß, und indem er dem alten Gläubiger schuldet und zu dessen Befriedigung sein außerhalb des enteignenden Staates liegendes Vermögen angreifen muß). Außerdem kann das *materielle Recht*, das nach den Regeln des internationalen Privatrechts die enteignete Forderung beherrscht, *ausgleichen*, nämlich die Last des Schuldners wegen *Wegfalls der Geschäftsgrundlage* erleichtern [35].

Interessante *materiellrechtliche* Enteignungsfolgen zeigen sich, wenn man das Verhältnis der Forderung zu ihren Sicherheiten, nämlich *Hypotheken* und *Bürgschaften*, betrachtet. Liegt das *Grundstück in der DDR* und wohnt der *Bürge dort*, während der *Schuldner in der Bundesrepublik* wohnt, so ergibt sich im Falle einer Ostenteignung der Forderung vom Standpunkt der herrschenden Meinung, die für die Anerkennung von Forderungsenteignungen auf den *Schuldnerwohnsitz* abstellt: die Forderung gegen den Schuldner behält der alte Gläubiger (bei hypothekarisch gesicherten Forderungen behaupten allerdings viele „Belegenheit" der Forderung am Grundstücksort), die Forderung gegen den Bürgen und die Hypothek gehen auf den neuen Gläubiger über. Im umgekehrten Fall *(Schuldnerwohnsitz im Osten,* hypothekarisch belastetes *Grundstück* und *Bürgenwohnsitz im Westen)* ergibt sich

[35] Oben S. 22 f.

vom Standpunkt des Wohnsitzprinzips: die Forderung ist wirksam enteignet, der neue Gläubiger kann sie bei uns einklagen. Dagegen behält der alte Gläubiger die Rechte gegen den Bürgen und er behält die Hypothek. Beide Rechte hängen allerdings materiellrechtlich davon ab, daß ihrem Inhaber die gesicherte Forderung zusteht. Man hilft sich mit Umwandlung der Hypothek in eine Grundschuld und der Bürgschaft in ein abstraktes Schuldversprechen. Besser nimmt man „für die Hypothek", „für die Bürgschaft" Fortbestand der Forderung in der Hand des alten Gläubigers an. Materiellrechtliche Ausgleichslösungen wegen Wegfalls der Geschäftsgrundlage sind in beiden Fallgruppen (Schuldner im Westen, Sicherheiten im Osten und umgekehrt) möglich[36], insbesondere[37]:

1. für den *Westschuldner* im Verhältnis zum alten Gläubiger wegen Verlustes des Ostgrundstücks, falls es dem Schuldner gehörte;
2. für den *Eigentümer des Westgrundstücks,* falls es *einem anderen als dem Schuldner gehörte,* und für den *Westbürgen* im Verhältnis zum alten Gläubiger wegen Verlustes ihrer Erstattungsansprüche gegen den Ostschuldner;
3. für den *Eigentümer des Westgrundstücks,* falls es *dem Ostschuldner gehörte,* im Verhältnis zum alten Gläubiger wegen der Inanspruchnahme durch den neuen Gläubiger.

Nach der *Wohnsitz*theorie kann folgender extremer Fall eintreten: Der Schuldner hat seinen Wohnsitz im Osten (die Enteignung der Forderung wird also anerkannt), sein Vermögen im Westen; der Bürge hat seinen Wohnsitz im Westen (die Enteignung der gegen ihn gerichteten Forderung wird also nicht anerkannt), sein Vermögen im Osten. Der neue Gläubiger kann gegen den Schuldner im Westen im Gerichtsstand des Vermögens[38] klagen und sich befriedigen. Der alte Gläubiger kann zwar den Bürgen im allgemeinen Gerichtsstand im Westen verklagen, sich aber (wegen Belegenheit des Bürgenvermögens im Osten) nicht befriedigen. Dagegen kann der neue Gläubiger im Osten gegen den Bürgen vorgehen (im Gerichtsstand des Vermögens). Anders, wenn man für die Forderungsenteignung auf die *Lage des Schuldnervermögens* abstellt: der neue Gläubiger kann gegen Schuldner (erfolglos) und Bürgen (erfolgreich) nur im Osten vorgehen, der alte Gläubiger gegen Schuldner (erfolgreich) und Bürgen (erfolglos) nur im Westen.

[36] Oben S. 21 f.

[37] Den Fall, daß der neue Gläubiger im Westen klagt (oben S. 21), lassen wir hier beiseite.

[38] Dazu *Soergel* (oben Anm. 1), S. 66.

Die Vermögenstheorie hat der Wohnsitztheorie voraus, daß sie der tatsächlichen Lage des Schuldners und, wenn die Forderung durch Bürgschaft gesichert ist, auch der tatsächlichen Lage des Bürgen im enteignenden Staat rechtliche Wirkung beimißt. Für den Bereich des eigenen Staates (und alle anderen Staaten mit Ausnahme des enteignenden Staates) versagt sie der Enteignung rechtliche Wirkung.

Ist die Forderung durch Hypothek gesichert, so bewendet es für diese bei der Maßgeblichkeit der Lage des Grundstücks. Der neue Gläubiger wird Hypothekar, wenn das Grundstück im enteignenden Staat liegt. Liegt es in einem anderen Staate, so behält der alte Gläubiger die Hypothek.

Materiellrechtliche Schwierigkeiten dogmatischer Art läßt die Vermögenstheorie im Unterschied von der Wohnsitztheorie nicht aufkommen: die enteignete Forderung gehört außerhalb des enteignenden Staates nach wie vor dem alten Gläubiger. Sie wird daher nicht (wie nach der Wohnsitztheorie) bloß „für die Bürgenschuld", „für die Hypothek", sondern auch sonst aufrechterhalten.

Die Regeln für Wegfall der Geschäftsgrundlage[39] sind anders als nach der Wohnsitztheorie[40], weil sowohl der Enteignete wie der Enteignungsbegünstigte Gläubiger der Forderung ist, die sich eben verdoppelt hat. Auf Wegfall der Geschäftsgrundlage kann sich berufen[41]:

1. der *Schuldner* gegenüber der Forderung des alten Gläubigers und gegenüber den Rückgriffsansprüchen des Bürgen und Grundstückseigentümers wegen Verlustes von Ostwerten des Schuldners durch Beitreibung der Forderung des neuen Gläubigers (z. B. auch wegen Verlustes eines dem Schuldner gehörenden, die Schuld hypothekarisch sichernden Ostgrundstücks);
2. der *Bürge* im Verhältnis zum alten Gläubiger wegen Verlustes von Ostwerten durch Beitreibung der Forderung des neuen Gläubigers.

3. *Mitgliedschaftsrechte*

Manche haben vorgeschlagen, die Enteignung von Mitgliedschaftsrechten anzuerkennen, wenn sie durch den Staat des *Gesellschaftssitzes* erfolgt ist[42].

[39] Oben S. 22 f.

[40] Oben S. 22

[41] Der Fall, daß der neue Gläubiger im Westen klagt (oben Anm. 37), kommt nach der Vermögenstheorie nicht in Betracht, weil er mit Wirkung für das Westvermögen des Schuldners nicht Gläubiger ist.

[42] Z. B. *H. Lewald*, (öst)JBl 1952, 238–240; *W. Lewald*, ZAIP 21 (1956), 132–135; *Serick*, JZ 1956, 198–205; *Lieberknecht*, NJW 1956, 931–936.

Das ist ein Gegenstück zum Schuldnerwohnsitz bei der Forderungsenteignung.

Indessen wie bei der Forderungsenteignung so ist auch bei den Mitgliedschaftsrechten die Anknüpfung an den Sitz verfehlt. Ein Staat, der Gesellschaftsvermögen wirksam nur enteignen kann, wenn es innerhalb seiner Grenzen liegt, könnte durch Enteignung von Mitgliedschaftsrechten auch ausländisches Gesellschaftsvermögen enteignen und damit die Grenzen seiner Macht überschreiten. Daher ist wie die Enteignung einer Forderung so auch die Enteignung von Mitgliedschaftsrechten *nur, aber auch immer* anzuerkennen *mit Wirkung für das Gesellschaftsvermögen im enteignenden Staat*[43], [44].

Die materiellrechtliche Folge ist, daß *zwei Gesellschaften* entstehen. Man hat deswegen dieser Lehre den Namen *„Spaltungstheorie"* verliehen. *Im Enteignungsstaat* entsteht mit Wirkung für das dort belegene Gesellschaftsvermögen eine *neue Gesellschaft mit den neuen Mitgliedern, in den übrigen Staaten* besteht mit Wirkung für das außerhalb des enteignenden Staates belegene Gesellschaftsvermögen die *bisherige Gesellschaft mit den alten Mitgliedern.* Es gibt also zwei Vorstände, zwei Aufsichtsräte, zwei Hauptversammlungen, zwei Bilanzen usw.

Dies sei am Beispiel des Aku-Prozesses verdeutlicht, soweit der Tatbestand bisher bekannt geworden ist. Die Allgemeine Kunstseide Union AG in Amsterdam (Aku) ist Eigentümerin der Vereinigten Glanzstoffabriken AG (VGF) in Wuppertal und anderer deutscher Vermögenswerte. Etwa 30 v. H. der Aku-Aktien standen in deutschem Besitz und wurden von der Niederländischen Regierung als Feindvermögen enteignet. Einige der deutschen Aktionäre klagten auf Feststellung, daß sie am deutschen Vermögen der Aku nach wie vor beteiligt seien. Das heißt, sie machten geltend, die niederländische Enteignung der Aktien wirke nicht für das deutsche Vermögen der Aku und die Aku sei demgemäß gespalten. Die Klage ist in erster und zweiter Instanz abgewiesen worden[45]. Dabei stützten sich die Urteile auf Besatzungsrecht (AHKGes. 63). Ob sie es richtig angewandt haben, ist höchst zweifelhaft[46]. Abgesehen von dem Besatzungsrecht, haben m. E. die Kläger

[43] BGH Betr 1956, 278 = NJW 1956, 785 mit Anm. von *W. Lewald* = WM 1956, 349; in dieselbe Richtung weisen schon BGH Betr 1956, 230 = BB 1956, 22 (sub Na) = NJW 1956, 183 Nr. 7 und BGH BB 1956, 22 (sub Nb) = NJW 1956, 183 Nr. 6, obwohl sie die Frage noch offen lassen.

[44] Ebenso die höchstrichterliche Rechtsprechung in der Schweiz *(Seidl-Hohenveldern,* Friedens-Warte 1955, 20–22) und in Österreich *(Seidl-Hohenveldern,* Friedens-Warte 1955, 22 f., American Journal of Comparative Law 1955, 242–245 [deutsche Übersetzung RiW 1956, 74 f.], Revue critique de droit international privé 1956, 258–272).

[45] OLG Düsseldorf BB 1954, 331. — Fußnote 46 siehe S. 34.

deswegen recht, weil die Macht der niederländischen Regierung auf das in den eigenen Mauern belegene Gesellschaftsvermögen beschränkt bleiben muß.

Die außerhalb des enteignenden Staates mit den alten Mitgliedern fortbestehende Gesellschaft lebt international*privat*rechtlich nach dem Recht ihres bisherigen Sitzes. Hatte sie ihren Sitz außerhalb des die Mitglieder enteignenden Staates, so ändert sich nichts. Hatte sie ihren Sitz im enteignenden Staate, so lebt sie bis zur Begründung eines neuen Sitzes außerhalb des enteignenden Staates nach dessen Recht weiter [47], [48]. Die Wahl eines neuen Sitzes wirkt als Sitzverlegung [49]. Doch wird man der Gesellschaft erlauben, vor oder bei Begründung eines neuen Sitzes die Fortgeltung des alten Rechts zu wählen, um die Tradition zu wahren.

Zahlreiche Schwierigkeiten tatsächlicher und rechtlicher Art werden sich nicht vermeiden lassen. Zum Beispiel muß vielleicht mit Rücksicht auf die Abspaltung der Gesellschaft mit den neuen Mitgliedern im enteignenden Staat die außerhalb dieses Staates fortbestehende Gesellschaft mit den alten Mitgliedern ihr Kapital herabsetzen.

Allerdings sehen der BGH [50] und viele Schriftsteller, gleich ob sie der Sitz- [51] oder der Spaltungstheorie [52] anhängen, bei der Enteignung von Mitgliedschaftsrechten an juristischen Personen eine Schwierigkeit in dem Beiseiteschieben des Körperschaftsschleiers: Enteignet sei ein Mitgliedschaftsrecht; nicht das Mitglied, sondern die juristische Person sei Eigentümer des Gesellschaftsvermögens; die juristische Person sei aber nicht enteignet; daher müsse der Schleier der juristischen Persönlichkeit beiseite geschoben werden, um vom Mitgliedschaftsrecht zum Gesellschaftsvermögen zu gelangen. Einen solchen Schritt halten die Vertreter der Spaltungstheorie für zulässig, die Vertreter der Sitztheorie dagegen nicht.

[46] Dazu *Bufe*, BB 1954, 45–48; BGH MDR 1955, 351; BGHZ 18, 1 (7 f.) = Betr 1955, 893, 919 = BB 1955, 747 = NJW 1955, 1435; OLG Düsseldorf WM 1956, 395; *Lieberknecht*, NJW 1956, 571–575 (mit Berufung auf Teil VI Art. 3 des sog. Überleitungsvertrages vom 23. 10. 1954, BGBl 1955 II 405).

[47] Dagegen für Anwendung deutschen Rechts *Serick*, JZ 1956, 200–203 (gegen ihn richtig *Lieberknecht*, NJW 1956, 933 [16], 934 [36]). Ebenso anscheinend BGH Betr 1956, 230 = BB 1956, 22 (sub Na) = NJW 1956, 183 Nr. 7; BGH BB 1956, 22 (sub Nb) = NJW 1956, 183 Nr. 6; *Kuhn*, WM 1956, 6 f.

[48] Vgl. für „Emigranten" *Soergel* (oben Anm. 1) s. S. 26 f. sub cc.

[49] Dazu *Soergel* (oben Anm. 1) 107 f.

[50] BGH Betr 1956, 278 = NJW 1956, 785.

[51] *H. Lewald*, (öst)JBl 1952, 238–240; wohl auch *W. Lewald*, ZAIP 21 (1956), 132–135; ferner *Serick*, JZ 1956, 198–205; *Lieberknecht*, NJW 1956, 931–936.

[52] *Kuhn*, WM 1956, 4–10.

Der BGH sagt[53]:

„Die Rechtsfigur der juristischen Person kann nur in dem Umfang Beachtung finden, in dem ihre Verwendung dem *Zweck der Rechtsordnung* entspricht. Es genügt nicht, daß diese Rechtsfigur ihren *eigenen Zwecken* gemäß benutzt wird. An einer rechtsordnungsmäßigen Verwendung der juristischen Person fehlt es, wenn ihre Einschaltung oder bloß die Tatsache ihres Vorhandenseins dazu führt, daß sich eine entschädigungslose Enteignung ihres Gesellschafters auf Vermögen auswirkt, das außerhalb des Machtbereichs des enteignenden Hoheitsträgers belegen ist und daher von einer Enteignung weder dann erfaßt werden würde, wenn die Enteignung das Vermögen der Gesellschaft betraf, noch dann, wenn sie sich gegen den Gesellschafter richtete und das extraterritoriale Vermögen ihm gehörte."

Vielleicht noch etwas schärfer ließe sich sagen: die Trennung der juristischen Person von ihren Mitgliedern dient hauptsächlich dem *privaten* Rechtsverkehr. Er hat seinen Schwerpunkt am Gesellschaftssitz und daher ist international*privat*rechtlich das Recht des Gesellschaftssitzes maßgebend. Bei der Abwehr fremder Enteignungen von Mitgliedschaftsrechten geht es jedoch um *öffentliche* Interessen, nämlich um die Abwehr fremder Macht. Daher entscheidet international*verwaltungs*rechtlich die Belegenheit des Gesellschaftsvermögens. Wenn im Feindvermögensrecht mit Hilfe der „Kontrolltheorie" [54] der Körperschaftsschleier beiseite geschoben wird, so bestehen auch hier keine Bedenken, die Mitglieder der juristischen Person als Herren des Gesellschaftsvermögens zu behandeln.

In Wirklichkeit ist jedoch das Problem des Körperschaftsschleiers überhaupt nicht im Spiel.

Das zeigt schon die rein *formale* Betrachtung. Die juristische Person bleibt ja Herrin ihres Gesellschaftsvermögens. Bloß ihr Mitgliederbestand wird geändert. Der Unterschied liegt nur darin, daß die Sitztheorie ihn entweder gänzlich ändert (bei Anerkennung der Enteignung der Mitgliedschaftsrechte) oder gar nicht (bei Nichtanerkennung der Enteignung), während die Theorie der Belegenheit des Gesellschaftsvermögens (Spaltungstheorie) ihn teilweise ändert (nämlich für das Gesellschaftsvermögen im enteignenden Staat) und teilweise unverändert läßt (nämlich für das Gesellschaftsvermögen außerhalb des enteignenden Staates). Man vergleiche die Lage bei der *Forderungsenteignung*. Würde hier wohl jemand auf den Gedanken kommen, die Anknüpfung an die Belegenheit des Schuldnervermögens deswegen zu

[53] Oben Anm. 50.

[54] Schrifttum bei *Serick*, JZ 1956, 204 [1].

bestreiten, weil die Forderung sich gegen den Schuldner richte und dieser als selbständige Person Herr seines Vermögens sei? Genauso bezieht sich das enteignete Mitgliedschaftsrecht auf die juristische Person, die ihrerseits Herrin ihres Vermögens ist. Man vergleiche auch die Lage bei der *Gesellschaftsauflösung durch Hoheitsakt.* Nach einhelliger Ansicht besteht die aufgelöste Gesellschaft für das außerhalb des enteignenden Staates belegene Vermögen fort. Genauso hier; nur lebt sie außerdem im enteignenden Staat für das dort belegene Vermögen (mit neuen Mitgliedern) weiter.

Ebenso ergibt die Betrachtung der *Interessenlage,* daß die Frage des Körschaftsschleiers hier nicht auftritt. Denn sie betrifft *Privat*interessen: es geht darum, ob die Interessen, denen die juristische Person und damit die Verselbständigung gegenüber den Mitgliedern ihr Dasein verdankt, im Interesse sei es der Mitglieder, sei es der juristischen Person selbst, vor allem aber Dritter (insbesondere im Interesse von Gesellschaftsgläubigern) zurücktreten sollen. Hier aber geht es nicht um das Verhältnis Mitglied – juristische Person – Dritter, sondern allein um das Verhältnis altes Mitglied – neues Mitglied. Und da die neuen Mitglieder ihr Recht aus einem Machtspruch herleiten, sind primär *öffentliche* Interessen im Spiel und ihretwegen wird der fremde Machtspruch auf den fremden Machtbereich beschränkt.

Psychologisch ist allerdings der Blick auf den Körperschaftsschleier verständlich. Immer wieder ist zu beobachten, wie schwer es fällt, sich von überkommenen internationalprivatrechtlichen Anknüpfungen (hier: Gesellschaftssitz) zu lösen. Die Herausbildung internationalen Verwaltungsrechts auf dem Umweg über den internationalprivatrechtlichen ordre public wurde erwähnt[55]. So haftet auch hier der Blick auf der Zuordnung von Gesellschaftsvermögen zu Mitgliedschaftsrechten, die als Durchgriff durch die juristische Person erscheint. Das wahre Problem aber ist: Einheit oder Spaltung der juristischen Person? Und wiederum wirkt das privatrechtlich Neue der Spaltung psychologisch hemmend. Sachlich hemmen aber sollte nur die Frage der praktischen Durchführbarkeit der Spaltung. Sie muß gelöst werden im Interesse der Abwehr fremder Machtübergriffe und damit fast immer im Dienste der Gerechtigkeit.

IV. Internationales Währungsrecht

Damit wollen wir das internationale Enteignungsrecht verlassen und uns noch kurz einigen Fragen des internationalen Währungsrechts zuwenden.

[55] Oben S. 14.

1. Währungsrechtliche Eingriffe in Geldschulden

Die währungsrechtlichen Eingriffe in Geldschulden kommen meist auf eine *Teilenteignung des Gläubigers* hinaus. Das gilt insbesondere für die westdeutsche Gesetzgebung zur Währungsreform von 1948. Denn hier wurden RM-Forderungen grundsätzlich *10 : 1* auf DM-West umgestellt. Da in Ostdeutschland die RM *1 : 1* in DM-Ost umgestellt wurde, erhob sich in vielen Fällen die Frage, ob eine vor den Währungsreformen begründete RM-Forderung, zum Beispiel eine Kaufpreis- oder Darlehensforderung, 1 : 1 in DM-Ost oder 10 : 1 in DM-West übergegangen war. Die Gerichte haben zum Teil versucht, insbesondere der I. Senat des BGH, die Frage nach den Regeln des internationalen *Privat*rechts zu lösen. Man kam aber damit nicht recht weiter. Denn jedenfalls bei Forderungen aus Schuldverträgen wäre danach maßgebend das Recht, dessen Geltung die Parteien vereinbart hätten, wenn sie eine Vereinbarung getroffen hätten (Maßgeblichkeit des sogenannten *hypothetischen Parteiwillens*). Da aber die Parteien die unterschiedliche Währungsreform in Ost und West nicht voraussehen konnten, kommt man hier schließlich doch zu irgendeiner objektiven Anknüpfung, etwa an den Wohnsitz des Schuldners.

Es ist aber überhaupt unrichtig, vom internationalen Privatrecht auszugehen. Zwar bestimmt das die Schuld internationalprivatrechtlich beherrschende Recht, ob eine Forderung (zum Beispiel eine Schadenersatz- oder Unterhaltsforderung) überhaupt auf Geld geht (und nicht auf Leistung in Natur) und gegebenenfalls auch, in welcher Währung und Höhe sie entsteht. Aber das internationale Privatrecht sagt nichts über die Folgen von *Staatseingriffen* in Forderungen. Hierfür ist das *internationale Verwaltungsrecht* maßgebend und danach muß wie bei der Enteignung der Machtbereich des eingreifenden Staats entscheiden. Die Mehrzahl der Senate des BGH (II, IV bis VI) hat daher mit Recht Enteignungsgrundsätze angewandt. Allerdings haben diese Senate wie bei der Forderungsenteignung auf den *Schuldnerwohnsitz* im Augenblick der Währungsreformen abgehoben. Stellt man dagegen, wie hier vorgeschlagen, für die Forderungsenteignung auf die *Lage des Schuldnervermögens* ab, so muß man es auch für den Währungseingriff tun. Dann wäre die RM-Darlehensforderung gegen einen Schuldner mit Wohnsitz in Leipzig und Vermögen allein in Düsseldorf 10 : 1 in DM-West und nicht (so der BGH) in 1 : 1 in DM-Ost übergegangen. Hat der Schuldner Vermögen sowohl im Osten wie im Westen, so kann der Gläubiger seine Forderung im Osten 1 : 1 in DM-Ost beitreiben, im Westen 10 : 1 in DM-

West. Hat er sie im Osten eingetrieben, dann kann er im Westen nichts mehr verlangen, weil er schon mehr bekommen hat, als ihm zustand; allerdings hat der Schuldner in Höhe des Überschusses keine condictio. Hat der Gläubiger die Forderung im Westen 10 : 1 in DM-West eingetrieben, dann ist ihm im Osten die Westzahlung auf seine Forderung anzurechnen.

Einfacher liegen die Dinge bei *Hypotheken*. Hier gilt sowohl internationalprivatrechtlich wie internationalverwaltungsrechtlich das Recht des Belegenheitsorts: die Umstellung richtet sich nach dem Lageort des Grundstückes, und zwar unseres Erachtens deswegen, weil der Belegenheitsstaat die *Macht* hat, sein Währungsrecht durchzusetzen, und nicht deswegen, weil das privatrechtliche Schicksal eines Grundstückes der lex rei sitae unterliegt.

2. Anpassung von Geldschulden an währungs- und devisenrechtliche Regelungen

Zu besonders schwierigen Fragen des *materiellen* Rechts hat der Währungsunterschied zwischen Ost und West samt den in Ost und West bestehenden devisenrechtlichen Vorschriften bei solchen Forderungen geführt, die nur aus technischen Gründen als Geldforderungen entwickelt sind, in Wirklichkeit aber das Ziel verfolgen, einen Wertverlust, den der Gläubiger erlitten hat, auszugleichen (so bei *Schadenersatzansprüchen*) oder ihm eine bestimmte Lebenshaltung zu ermöglichen (so bei *Unterhaltsansprüchen*). Hier läßt sich das materielle Recht nicht im Netz des internationalen und materiellen Währungs- und Devisenrechts fangen, sondern *weicht aus*.

Als Beispiel diene *der Unterhaltsanspruch des unehelichen Ostkindes gegen den Westvater*, d. h. der Unterhaltsanspruch eines unehelichen Kindes, das bei seiner Mutter in der DDR lebt, gegen den Erzeuger, der in der Bundesrepublik lebt. Da in der DDR das Verhältnis zwischen unehelichem Kind und Vater dem Verhältnis eines ehelichen Kindes zu seinem Vater stark angenähert, wenn auch nicht vollständig angeglichen ist, muß zunächst nach *internationalem Privatrecht* entschieden werden, ob Ost- oder Westrecht anwendung findet. Wir wollen annehmen, Ostrecht sei anwendbar und danach müsse der Vater, wenn er im Osten lebte, monatlich 40,— DM-Ost zahlen. Nun lebt er aber im Westen. Hat er *im Osten Mittel* zur Verfügung, etwa Einkünfte aus Mieten, so wird er bei uns zur Zahlung von 40,— DM-Ost aus diesen Mitteln verurteilt, da hiergegen auch nach westlichem Devisenrecht keine Bedenken bestehen (allerdings nicht ganz zweifelsfrei). Wie aber, wenn er *im Osten kein Vermögen* hat?

Hier muß also aus Westmitteln gezahlt werden. Solche Zahlung ist nach westlichem Devisenrecht ohne Sondergenehmigung der zuständigen Landeszentralbank nur statthaft auf ein *Sperrkonto.* Über das Sperrkonto kann der Gläubiger mit Genehmigung der zuständigen Landeszentralbank *verfügen,* zum Beispiel zum Versand von Gebrauchsgütern in den Osten und zum Verbrauch bei Reisen in den Westen. DM-Ost kann nach östlichem Devisenrecht überhaupt nicht, DM-West nur unter Umtausch 1 : 1 in DM-Ost in den Osten eingeführt werden, während der *Wechselstubenkurs* grob 4 : 1 beträgt. Die Kaufkraft von DM-Ost und DM-West (sogenannter Warenkorbvergleich) ist nach Einkommenshöhe verschieden. Stehen innerhalb einer Familie monatlich pro Kopf etwa *40,—* DM-Ost zur Verfügung, dann entspricht das fast der Kaufkraft von *40,—* DM West. Stehen *110,—* DM-Ost pro Kopf zur Verfügung, dann entsprechen dem etwa *70,—* DM-West, stehen *150,—* DM-Ost zur Verfügung, dann entsprechen dem etwa *90,—* DM-West.

Unter Berücksichtigung aller dieser Umstände muß nach dem *Zweck des Unterhaltungsanspruchs,* dem Kinde den Lebensunterhalt zu verschaffen, der einer Verfügungsmöglichkeit über 40,— DM-Ost im Osten entspricht, entschieden werden, was der Westvater zahlen muß. Zahlung nach dem *Wechselstuben*kurs, also 10,— DM-West oder 40,— DM-Ost monatlich, reicht sicherlich nicht. Zahlung von 40,— DM-West, also im Verhältnis *1 : 1,* wird von den westlichen Gerichten meist ausgesprochen und ist bei so niedrigen Unterhaltsverpflichtungen auch sachlich richtig im Hinblick auf die im wesentlichen gleiche Kaufkraft (sie wird auch, aber bedenklich, mit einem zwischen Ost und West bestehenden Unterhaltsclearing der Jugendämter begründet). *Bei höheren* Unterhaltsverpflichtungen sollten mit Rücksicht auf die größere Kaufkraft der DM-West nach dem *Warenkorbvergleich* nur so viel DM-West gezahlt werden, wie nötig sind, um im Westen die Waren zu kaufen, die dem Bedarf entsprechen, den der Gläubiger im Osten beanspruchen kann. Während also der genannte uneheliche Vater, dessen Kind, falls der Vater im Osten lebte, von ihm monatlich 40,— DM-Ost verlangen kann, 40,— DM-West zahlen muß, könnte eine *Ehefrau,* die von ihrem Mann, falls er im Osten lebte, monatlich 150,— DM-Ost fordern könnte, im Westen nur Zahlung von 90,— DM-West beanspruchen.

Allerdings sind die *Ausweichmöglichkeiten* des materiellen Rechts beschränkt. Würde jeder Geldverkehr unterbunden (etwa die Abhebung vom Sperrkonto überhaupt verweigert), so könnte sich der Geldanspruch noch in einen Anspruch auf Leistung in *Natur,* insbesondere durch Pakete, umwandeln. Würde auch der Paketverkehr unterbunden, dann würde der Anspruch, streng genommen, für diese Zeit wegen *Unmöglichkeit* der Zweckerreichung *erlöschen,* wenn man nicht eine Ansammlung von Geld, die allgemein mit dem Zweck des Unterhaltsanspruchs unverträglich ist, wegen der besonders schwierigen tatsächlichen Verhältnisse zulassen will.

Damit darf ich meinen Überblick über einige Fragen des internationalen Enteignungs- und Währungsrechts schließen. Nicht nur die kollisionsrechtliche Seite, sondern auch die materiellrechtlichen Auswirkungen lassen sich nicht leicht bewältigen. Ich habe versucht, eine kollisionsrechtliche Grundauffassung zu entwickeln, nämlich den Machtgedanken entschlossen durchzuführen, daneben aber die materiellrechtlichen Auswirkungen nicht zu vernachlässigen. Das Gebiet ist im Fluß. Doch haben sich Eisschollen gebildet, die allmählich zu einer festen Decke zusammenwachsen müssen.

Diskussion

Ministerialrat Dr. rer. pol. Otto Haußleiter

Es ist ein glücklicher Zufall, daß bei der heutigen Sitzung Theologen und Juristen beisammen sind. Denn es handelt sich hier um eine Frage, die zwischen dem Naturrecht und der Ethik einerseits und der positiven Gesetzgebung andererseits steht.

Ich erinnere zu dem Thema Devisenvergehen an einen Vorfall aus der Nazizeit. Das damalige Regime hatte Angehörigen eines kirchlichen Ordens den Prozeß gemacht, weil diesen Ordensangehörigen der Vorwurf gemacht wurde: Ihr habt Euch wegen Devisenvergehen strafbar gemacht, Ihr habt also Devisenschiebungen begangen. Was lag dem zugrunde? Die Ordensniederlassung innerhalb Deutschlands hatte im Einverständnis mit dem Gläubiger Darlehensbeträge zurückgezahlt, die sie früher bei verwandten Ordensorganisationen in den Niederlanden aufgenommen hatte. Die Theologen dieses Ordens hätten sich auf einen geradezu naturrechtlich gültigen Grundsatz berufen können, daß Schulden mit Einverständnis des Gläubigers zurückzuzahlen niemals Unrecht sein kann und infolgedessen auch nicht strafbar sein könne. Trotzdem erklärte die damalige Gesetzgebung eine ungenehmigte Schuldenzurückzahlung an den ausländischen Gläubiger für strafbar.

Sehen wir von der vergifteten Atmosphäre des damaligen Regimes ab und stellen die Frage: Würde ein entsprechender Vorgang auch heute ohne staatliche Genehmigung verboten sein? Auch heute sind Kapitalübertragungsvorgänge ins Ausland noch genehmigungspflichtig. Indessen würde man heute eine solche Angelegenheit, wenn überhaupt, so höchstens im Bußgeldverfahren ahnden, also nicht mit einer kriminellen Strafe. Aber noch viel wichtiger ist ein anderer Unterschied, der zwischen dem heutigen Devisenrecht und dem allgemeinen Strafrecht oder dem bürgerlichen Recht besteht. Das Devisenrecht ist ein *Maßnahmenrecht*, kein Dauerrecht. Das Strafrecht und das Privatrecht dagegen ist in Ländern westeuropäischer Zivilisation ein Dauerrecht. Ein Maßnahmenrecht beansprucht von vornherein nicht eine Geltung auf lange Dauer. Es ist vielmehr jedem Beteiligten klar, daß es nur solange gilt und gelten sollte, als es zur Durchsetzung der erstrebten Zwecke erforderlich ist. Ich erinnere etwa an folgende Tatsache: Im Jahre 1951 war die Bundesrepublik bei der Europäischen Zahlungsunion tief verschuldet. Die Zahlungsbilanz und die Devisenlage waren außerordentlich ungünstig. Damals mußte man vieles verbieten, was inzwischen wieder ohne staatliche Genehmigung getan werden darf. Die damaligen scharfen Maßnahmen führten zum Erfolg. Ende 1951 war der Schuldenstand bei der Europäischen Zahlungsunion wieder beseitigt. Heute gibt es bekanntlich ein erhebliches Guthaben der Bundesrepublik bei der EZU. Wenn Sie unter dem Aspekt der *heutigen* Sachlage einen devisenwirtschaftlichen Vorgang strafrechtlich beurteilen, so kommen Sie zu einem völlig anderen Ergebnis, als wenn Sie den genau gleichen oder vergleichbaren Tatbestand unter der wirtschaftspolitischen Sachlage und unter Anwendung der 1951 geltenden Vorschriften beurteilen würden. Sie sehen hier deutlich, daß das positive „Maßnahmenrecht“ [1], welches auf dem Devisengebiete gilt, hinsichtlich seines Anspruchs auf Geltung und Beachtung einen völlig anderen Charakter hat als etwa die Gebote des allgemeinen Strafrechts oder die Vorschriften des für lange Dauer gültigen Privatrechts. Wenn sich also die Ahndung von Verstößen gegen das Maßnahmenrecht allzu lange hinauszögert, so ist die Gefahr vorhanden, daß ein Zwiespalt zwischen positivem Recht und den Anforderungen der Gerechtigkeit entsteht; und zwar dann, wenn sich inzwischen die damalige Sachlage erheblich gewandelt hat. Wer Maßnahmerecht vergangener (auch erst kürzlich vergangener) Zeiträume unverändert anwendet und dabei nicht beachtet, daß diese Vorschriften keine Dauergeltung für sich in Anspruch nehmen können, befindet sich in der Gefahr, den bei aller Rechtsanwendung maßgebenden Grundsatz der Gerechtigkeit zu verletzen.

Auch aus diesem Grund ist es richtig, daß die Ahndung von Verstößen gegen das wirtschaftliche Maßnahmenrecht in immer stärkerem Maße von der Verhängung krimineller Strafen absieht und statt dessen zu der Geldbußverhängung greift, welche zu dem moralisch nicht diffamierenden Recht der Bekämpfung von Ordnungswidrigkeiten gehört.

[1] Näheres hierzu ist ausgeführt in dem Aufsatz von *Haußleiter:* „Maßnahmenrecht und Dauerrecht auf dem Gebiet der wirtschaftspolitischen Verordnungs- und Gesetzgebung“; „Die öffentliche Verwaltung“ 1956, S. 143–146.

Was insbesondere die Zahlung von Schulden aus der Bundesrepublik in die sowjetisch besetzte Zone Deutschlands anbelangt, so darf ich darauf hinweisen, daß hier eine volle Gegensätzlichkeit der Vorschriften in West und Ost besteht. Die D-Mark Ost ist wirtschaftlich eine Devise, jedoch in der Bundesrepublik positiv-rechtlich nicht unter die Devisengesetzgebung gestellt. Jeder Bürger der Bundesrepublik kann ohne irgendwelche Genehmigung D-Mark-Ost kaufen oder verkaufen. Indessen: Die Einbringung oder Versendung solcher D-Mark-Ost-Beträge ist nach den Vorschriften, die in der sowjetisch besetzten Zone Deutschlands gelten, dort verboten. Bis zum 10. 1. 55 war – jedenfalls für Geschenkzwecke (nicht für die Zahlung rechtlicher Verbindlichkeiten) – eine legale Überweisungsmöglichkeit zwischen der Bundesrepublik und der sowjetisch besetzten Zone Deutschlands gegeben. Inzwischen ist auch diese Möglichkeit weggefallen. Es bleiben also die vom Herrn Referenten so eindrucksvoll dargestellten unerfreulichen Zustände, wonach auch Unterhaltszahlungen von West nach Ost praktisch nicht transferiert werden können, der Wirkung nach in vollem Umfang bestehen.

Professor Dr. jur. Hans Peters

Zu den scharfsinnigen Ausführungen von Herrn Kegel darf ich zunächst zu einem Einzelpunkt einen Vorbehalt machen; das ist die Eigentumsfrage, hinsichtlich der man in Deutschland sowohl auf Grund der Vorgänge in der jüngeren Vergangenheit als auch aus politischen und weltanschaulichen Gründen recht empfindlich ist. Die Anerkennung fremder Staats- und Verwaltungsakte kann hier m. E. nicht in dem von Herrn Kegel vorgesehenen Umfange erfolgen, wenngleich die vorgeschlagene – und in der Praxis wohl auch verbreitete – Lösung am bequemsten ist. Auch der Privatrechtler muß beachten, daß das Bonner Grundgesetz in seinen Grundrechtsvorschriften, also auch in Artikel 14, nach deutscher Auffassung „unveräußerliche und unverletzliche Menschenrechte" aufführt, die „als Grundlage jeder menschlichen Gemeinschaft" (Art. 1) von uns beachtet werden. Wenn das nicht leere Redensart bleiben soll, dann muß jede an der deutschen Rechtsanwendung beteiligte Stelle auch die Konsequenzen daraus ziehen, und der Weg dazu ist der vom Herrn Vortragenden in anderem Zusammenhang auch durchaus als maßgebend bezeichnete ordre public. Ich gebe durchaus zu – und habe es gelegentlich eines anderen Vortrages in diesem Kreise wohl schon einmal erwähnt –, daß der in unserer Rechtsordnung verwendete Begriff „Eigentum" mit dem *einen* Wort Verschiedenes umfaßt: mal nur das dingliche

Recht, mal alle der Person zustehenden Vermögensrechte, ferner: sowohl das Eigentum an den dem persönlichen Gebrauch und an den der Auswirkung der Persönlichkeit dienenden Gegenständen als auch das Eigentum an dem nicht dem eigenen Gebrauch dienenden Grund und Boden sowie endlich an den beliebig vermehrbaren Produktionsmitteln. Aber wie dem auch sei: Enteignung ohne Entschädigung, mindestens entschädigungslose Enteignung des zum naturrechtlichen Eigentum gehörenden Vermögens, kann von uns kraft ordre public nicht anerkannt werden. Eine entschädigungslose Enteignung berührt empfindlich die – von den internationalen Privatrechtlern m. E. meist noch nicht genügend gewürdigten – Grundrechte. Es ist unser aller Aufgabe, dafür Sorge zu tragen, daß die Grundsätze unserer Verfassung nicht bloß im eigentlich politischen Raum, sondern im gesamten Rechtsleben des deutschen Volkes zur Geltung kommen. Und dazu gehört auch der hier angeschnittene Fragenkomplex.

Mir scheint, daß Herr Kegel das in *einem* Falle, aber eben doch nicht allgemein und prinzipiell, anerkannt hat, nämlich als er davon sprach, daß, wenn Gebrauchsgegenstände weggenommen werden, dies sicherlich nicht zu respektieren sei. Von dieser Bemerkung aus sollte man m. E. tiefer ins Grundsätzliche, ins Naturrecht oder – positivistisch annehmbarer gesprochen – zu den Grundrechtsbestimmungen des Grundgesetzes vorstoßen. Diesen Erkenntnissen kann und darf sich auch ein – vom geschichtlich gewordenen Positivismus herkommendes – Internationales Verwaltungsrecht m. E. nicht verschließen.

Zum Zweiten darf ich nur noch auf das Problem der *Patent- und Urheberrechte* hinweisen, bei denen die Verquickung von Recht und Macht besonders gefährlich ist. Das Patent kann man *überall* ausüben, das Urheberrecht überall verletzen. Wie steht es dabei mit dem „Sitz“ des Rechts?

Endlich ein Wort zu den *gespaltenen Gesellschaften.* Sind sie nicht, wenn sie *wirklich* gespalten sind, doch zwei Gesellschaften? (Zuruf von Prof. Dr. Kegel: Nein, anderthalb!) Handelt es sich dafür nicht in anderen Fällen bloß um *eine* Gesellschaft mit gespaltenen *Organen?* Mit der Trennung Berlins in ein West- und ein Ost-Berlin gab es plötzlich eine gespaltene BVG (= Berliner Verkehrsgesellschaft), die ihre Straßenbahnen von dem einen Gebiet ins andere fahren ließ. Damals wurden z. B. wegen des Fahrplans usw. Verträge der BVG mit der BVG abgeschlossen. Beide Teile behaupteten, daß sie Eigentümer des gesamten Vermögens seien. Meines Erachtens waren hier keine zwei, auch nicht anderthalb Gesellschaften vorhanden, sondern hier schließen doch wohl nur zwei miteinander um ihr grundsätzliches Recht streitende Organe des gleichen Rechtsträgers miteinander „Verträge“ ab, besser: sie bestimmen – unter Zurückstellung ihrer grundsätzlichen Rechtsansprüche – einen Modus vivendi durch gegenseitige Übereinkunft. Auch im Zeitalter der Gegenpäpste bestand nur *eine* Kirche, nicht zwei und nicht anderthalb. Nun würde mich interessieren, ob in der vielleicht andersgearteten Gruppe der vom Herrn Vortragenden genannten „gespaltenen Gesellschaften“ nicht Ähnliches in Betracht kommt; sonst müßte man m. E. von *zwei* Gesellschaften reden.

Professor Dr. jur. Ludwig Raiser

In dem Vortrag wurde von „gespaltenen Forderungen“, „gespaltenen Gesellschaften“ usw. gehandelt. So abstrus diese Überlegungen klingen, sind sie doch unvermeidlich geworden, freilich nicht durch die Schuld der Juristen. Es ist die Politik, die das Narrenhaus geschaffen hat – und wir haben uns mit den Scherben zu befassen und alles leidlich in Ordnung zu bringen.

Die Sachverhalte, die der Vortragende nach der Regel dieses Hauses in einem streng wissenschaftlichen Vortrag behandelt hat, könnten ebensogut auch in Gestalt eines höchst spannenden abenteuerlichen Romans dargestellt werden. Vor allem die Geschichte der Enteignungen ist ungemein interessant, angefangen von den ersten Fällen nach der russischen Revolution 1917, die die Rechtsprechung in vielen Ländern Europas und Amerikas beschäftigt haben mit verschiedenen Resultaten. Es war ja das erste Mal, daß ein Staat in großem Stile zur Enteignung des Vermögens seiner Bürger überging. Das konnte man geistig nicht gleich bewältigen. Leider hat die Politik dafür gesorgt, daß es nie recht gelang, die Phänomene klar abzugrenzen und in der internationalen Diskussion eine Einigung darüber herbeizuführen, wie man mit diesen Rechtsfragen fertig wird. Die Politik ist uns meist um zwei Pferdelängen voraus mit immer neuen Machteingriffen. Immer müssen wir hinterher versuchen, die Dinge zurechtzubringen.

Das ist aus dem Vortrag deutlich geworden. Die nach dem zweiten Weltkrieg entstandene Situation ist noch viel schwieriger als in den Jahren zwischen den beiden Weltkriegen. Speziell wir in Deutschland sind mit einem besonderen juristischen Problem gesegnet, dem der Spaltung zwischen Ost- und Westdeutschland. Wir haben damit auch für die anderen eine Denkaufgabe zu leisten, die uns noch lange beschäftigen wird. Nur können wir die Eier, die wir da ausgebrütet haben, im internationalen Kreis der Juristen nicht mit besonderem Stolz präsentieren.

Zur Sache habe ich einen gewissen Zweifel gegenüber der Grundthese, mit der Herr Kollege Kegel geglaubt hat, den Dingen von einer etwas anderen Seite beikommen zu können. Zwar scheint mir der von ihm konsequent durchgeführte Gedanke, daß man es hier mit einem Machteingriff des Staates zu tun und ihn als solchen zu werten hat, im Ansatz richtig. Wenn wir Juristen seit dem ersten Weltkrieg uns mit diesen Fällen herumplagten, dann lag das vielleicht daran, daß man das nicht erkannt und versucht hat, nur auf das internationale Privatrecht zu sehen und die Frage von den Rechtsbeziehungen der einzelnen Parteien her zu lösen. Wir kommen damit nicht mehr zurecht. Die Phänomene gehören in den Bereich dessen, was man internationales Verwaltungsrecht nennt, das heißt der Beziehungen des Staates zu seinen eigenen und zu fremden Bürgern. Hier geht es dann um den Kompetenzstreit der Staaten in der Ausübung ihrer Befugnisse. Aber auch diese Machtunterworfenheit unter den Staat ist für uns Juristen – daran werden wir festhalten müssen – eben ein Rechtsverhältnis; es ist eine rechtlich gebändigte Macht. Daher frage ich mich doch, ob es richtig ist, in den Fällen, die Sie auf Grund dieser Machttheorie anders als bisher entscheiden würden, z. B. bei den Forderungen nach den Zugriffsmöglichkeiten des Staates, es rein faktisch darauf abzustellen, ob im Gebiet des Staates, der eine solche Enteignungsmaßnahme ausspricht, sich Vermögen des Schuldners befindet. Ich gestehe, daß das für mein Gefühl den Bogen des Rechtsverhältnisses zwischen dem Staat und dem seiner Herrschaft Unterworfenen, ob Bürger oder Fremder, zu weit spannt und dem Staat eine Art Freibeuterrecht zugesteht. Ich fürchte, das führt zu bösen Konsequenzen, auch abgesehen von den vielen sich ergebenden Schwierigkeiten mehr rechtstechnischer Art, auf die Sie selbst hingewiesen haben, besonders wegen der Vervielfachung der Forderungen. Sie haben die Schwierigkeiten beiseite geschoben. Ich habe Bedenken, dem Staat diese Enteignungsmöglichkeiten zuzugestehen. Ich würde es juristisch lieber sehen, je nach dem einzelnen Rechtsverhältnis einen fixen Punkt zu suchen und z. B. zu sagen: dieses Gewaltverhältnis ist im allgemeinen an den Wohnsitz des Gewaltunterworfenen geknüpft, infolgedessen läßt sich ein solcher Machteingriff des Staates allenfalls hier rechtfertigen, aber nicht überall, wo er beliebig aus Zufall eingreifen kann.

Prälat Professor D. Dr. Georg Schreiber

Gern hätte man einmal einen *historischen* Aufriß der Enteignung. Was das Mittelalter angeht, hören wir, daß sich wieder und wieder *Säkularisatio-*

nen einfanden, bei denen auch die päpstliche Kurie nicht zu helfen vermochte. Die Abtei St. Maximin in Trier wurde von Kaiser Heinrich II. durch Einziehung von Gütern geradezu an den Rand des Abgrundes gebracht.

Man mag auch daran denken, daß Mussolini 1929 im *Lateranvertrag* eine Entschädigung von einigen Milliarden Lire dem Papst zuerkannt hat; kurz darauf nahm Italien eine allgemeine Abwertung von 40 % vor. Das war im Grunde genommen auch eine Enteignung.

Das *Machtprinzip* wurde im Vortrag betont herausgerückt. Aber es erheben sich Einwendungen. Der Staat übt allerdings gewisse Machtbefugnisse. Aber seinem Wesen nach ist er vom schöpferischen Gemeinschaftsgedanken und von der sittlichen Verbundenheit bestimmt. Diesem Staat eignet also vorab das Ethos. Im internationalen Privatrecht, ebenso im internationalen öffentlichen Recht werden die Gedanken der Humanität, des Friedens und der Gerechtigkeit niemals sterben. Das Völkerrecht bedarf hier und in anderen Beziehungen allerdings der energischen Wiederherstellung, in Überwindung der faits accomplis.

Wir haben heute die riesigen *Flüchtlingsströme*. Etwa 60 Millionen Flüchtlinge erscheinen am internationalen Horizont, zum Teil mit einem grauenvollen Elend, im besonderen mit Vermögensschädigungen außergewöhnlichen Ausmaßes. Können wir helfende Gedankengänge im internationalen Raum entsprechend ansetzen? In der praktischen Politik des *Weimarer Staates*, um ein weiteres Erlebnis darzutun, haben wir den Machtstandpunkt keineswegs einseitig herausgestellt. So sind die schweizerischen Versicherungsnehmer in Sachen der Lebensversicherungen in den 1920er Jahren vornehm behandelt worden. Man hat aufgewertet, so gut man konnte.

Neulich war ich in einem Vortrag in Essen, in dem Professor Hans *Dölle* von Tübingen das internationale Privatrecht behandelte. Eine Forderung wuchs hier elementar heraus: Die Notwendigkeit einer Rechtsangleichung. Der *Europagedanke* von heute ist ein Phantasieprodukt und ein Phantom, wenn nicht durch gewisse Voraussetzungen gleichzeitig eine Rechtsangleichung heraufgeführt wird. Die Gedanken des Friedens und der Menschenrechte verlangen in der Tat eine stärkere Einzeichnung. Welche Institute in Deutschland und in anderen Nationen arbeiten heute in dieser Richtung? Sind hier Hoffnungen für eine günstige Aufwärtsentwicklung vorhanden?

Ein weiteres: Das Beugen unter die *Besatzungsmacht*. Es ist wohl so, daß bis zur Ratifizierung der Pariser Verträge der Raub weitergehen kann.

Sie können heute nach wie vor in London Buna bekommen. Wie ist da die rechtliche Seite, Herr Kollege Peters?

Staatssekretär Otto Bleibtreu

Ich darf gleichfalls vom Standpunkt des Praktikers etwas beitragen, und zwar zu der Auseinandersetzung über den Unterschied von Recht und Macht, der in den Mittelpunkt der Diskussion getreten ist. Mir scheint, daß dem Referenten eine Hilfestellung geleistet werden muß durch den Hinweis darauf, daß der von ihm verwendete Machtbegriff nicht mißverstanden werden darf. Ich glaube Herrn Prof. Kegel dahin recht verstanden zu haben, daß er nicht den soziologischen Begriff, sondern den rechtlichen Begriff der Macht gemeint hat. Er hat wohl nichts anderes sagen wollen, als daß bei der Abgrenzung zwischen den Rechten mehrerer Staaten gegenüber Menschen zu unterscheiden ist zwischen der Ausübung staatlicher Befugnisse gegenüber den Menschen, die sich im Gebiet des Staates aufhalten, und gegenüber den Sachen, die sich im Gebiet des Staates befinden. Diese Unterscheidung darf nicht verwechselt werden mit der Gegenüberstellung von Recht und Macht.

Im Zusammenhang hiermit möchte ich ferner fragen – und damit berühre ich etwas, was Herr Prof. Raiser bereits ausführte –, ob die Lösung, die Herr Professor Dr. Kegel hinsichtlich der von ihm erwähnten Fälle der Enteignung von Forderungen vorgeschlagen hat, unter rechtlichen Gesichtspunkten nicht doch etwas für sich haben könnte. Wenn bei der Behandlung von Forderungen im internationalen Privatrecht grundsätzlich von dem Wohnsitz des Schuldners ausgegangen wird, so doch deshalb, weil sich Rechtsbegriffe als gedankliche Gebilde irgendwie auf reale Merkmale der sozialen Situation beziehen müssen, die durch die Rechtsnorm geregelt werden sollen. In den früher bekannt gewordenen Fällen kam insoweit zweckmäßigerweise der Wohnsitz des Schuldners in Betracht. Ich möchte aber mit Herrn Professor Kegel meinen, daß in den von *ihm* behandelten Fällen es vielleicht doch richtiger ist, es nicht auf den Ort, an dem der Schuldner lebt, abzustellen, sondern auf den Ort, an dem sich die Vermögenswerte befinden. Ich würde darin eine grundsätzliche Abweichung von den Prinzipien der Gerechtigkeit nicht sehen. Ich glaube im Gegenteil, daß im Interesse einer gerechten Regelung manches dafür spricht, diese Fälle so zu regeln, wie es Herr Professor Kegel getan hat.

In einem einzigen Punkt nur habe ich Bedenken gegen die Ausführungen des Vortragenden, nämlich insofern, als er eingangs seiner Ausführungen bei der Unterscheidung von öffentlichem und privatem Recht die Wendung gebrauchte, im öffentlichen Recht gehe es nicht um Gerechtigkeit, sondern um Macht. Das scheint mir eine mißverständliche Ausdrucksweise zu sein. Die staatliche Befugnis, in gewissen Fällen Privaten Eigentum aus Gründen des öffentlichen Wohls zu entziehen, ist ein Recht, das dem Staat auch im westlichen Abendland von jeher aus Gründen der Gerechtigkeit zuerkannt worden ist. Auch das öffentliche Enteignungsrecht steht, soweit es sich in den Grenzen hält, die in unserem Kulturkreis üblich sind, nicht unter bloßen machtsichernden, sondern unter Gesichtspunkten der Gerechtigkeit, wobei es eine Frage des Einzelfalles ist, ob diese Grenze noch gewahrt oder außer acht gelassen worden ist.

Professor Dr. jur. Ludwig Raiser

Die Enteignung ist ein viel zu weiter Begriff. Man muß etwa fragen: Handelt es sich um eine Konfiskation, die aus politischen Gründen eine bestimmte Gruppe von Leuten treffen soll. Das wäre offenbar ungerecht, nämlich eine Verletzung des Gleichheitsgrundsatzes. Darunter würden die Fälle kommen, wo in Polen oder in der Tschechoslowakei den dort ausgetriebenen Volksdeutschen ihr Vermögen weggenommen worden ist. Da handelt es sich um eine flagrante Verletzung des Gleichheitsgrundsatzes. Weil sie Deutsche waren und als Deutsche getroffen werden sollten, hat man das getan. Diese Maßnahme kann ein Gericht nicht als gültig anerkennen. Die Sache wird schwierig, wenn nicht solche Konfiskationsabsichten die Enteignungsmaßnahme bestimmt hatten, sondern andere Wirtschaftsauffassungen. Kann man etwa sagen, die Sozialisierungsmaßnahmen im Osten verstoßen so sehr gegen unsere eigenen Grundbegriffe einer Rechtsordnung, daß wir sie nicht anerkennen dürfen? Es muß dem Staat hinter dem „eisernen Vorhang" überlassen sein, seine Wirtschaft nach Grundsätzen zu regeln, die wir nicht gutheißen. Wir würden es anders machen. Die rechtlichen Folgen müssen aber anerkannt werden, auch wenn wir sagen: wir würden es anders machen. Zwischen den beiden Weltkriegen wurde vor dem Haager Gerichtshof gestritten um den Schutz deutscher und anderer Volkstumsminderheiten in den Nachfolgestaaten des Habsburger Reiches. So wurden zum Beispiel in Ungarn oder in Rumänien Gesetze zur Agrarreform erlassen, die sich praktisch so ausgewirkt haben, daß in erster Linie die deutschen Siedler oder die Siedler der Minderheiten davon betroffen wurden. Die Frage, auf die es hier ankam, war die: sind das generelle Enteignungsmaßnahmen, die man anerkennen muß? Oder handelt es sich um eine diskriminierende Maßnahme, die offensichtlich nur ganz bestimmte Volksteile in besonders harter Weise treffen sollte? Dann durfte sie nicht anerkannt werden. Es ist also nicht möglich, den Eigentumsschutz als einen naturrechtlichen Grundgedanken unter allen Umständen durchzuhalten, sondern die Frage muß lauten, unter welchen Rechtsgedanken der Angriff auf das Eigentum erfolgt ist!

Prälat Professor D. Dr. Georg Schreiber

Nun habe ich noch eine Frage. Sind Sie in der Lage, mir zu sagen, wo man in der Literatur etwas finden kann über die Fremdenrechte? So haben wir im Geschichtsablauf in Konstantinopel ein ausgesprochenes Fremdenrecht gehabt, das den italienischen Seestädten, wie Amalfi, Pisa, Genua, Venedig zugute kam. Vielleicht haben die Herren in den juristischen Fakultäten Gelegenheit, auch diesen gewiß bemerkenswerten Fragenbereich näher zu entwickeln. Wie stand es hier mit der Gegenseitigkeit? Welche Vergünstigungen hat man dem Islam eingeräumt? Wurde dieser in christliche Spitäler des Mittelmeers aufgenommen? Die Enteignung bezog sich auch auf die Agrargesetzgebung fremder Länder, die Deutsche geschädigt hat. Die Gespräche, die man mit Volksdeutschen in den 20er Jahren hatte, berührten immer wieder diesen kritischen Punkt. Die deutschen Gutsbesitzer in Lettland wurden in ihren Gütern auf 50 Morgen zurückgeschraubt. Sie waren dann nicht mehr in der Lage, ihren Besitz zu halten. Sie mußten diesen verkaufen. Die alten Herrenhöfe kamen also in fremde Hände. Es sei auch für diese Zusammenhänge an die *Stresemann*-Rede über die Minderheitenrechte erinnert, die er im März 1929 im Völkerbund gehalten hat. Ein anderes noch. Man denke ebenso daran, wie sich die *Holländer* jüngst bezüglich der Traktatländereien verhalten haben. Hierin und in der Besetzung von Elten und von anderen deutschen Gebieten lag ein ausgesprochener Völkerrechtsbruch vor. Wenn die Holländer am Samstag und Sonntag nach Rüdesheim oder sonst nach Westdeutschland kommen, wird man sie gern aufnehmen. Aber ebenso ist es notwendig, daß ihrerseits berechtigten völkerrechtlichen Ansprüchen entsprochen wird. Man kann nur wünschen, daß die einschlägigen Studien des Völkerrechtlers Carl *Bilfinger* in Heidelberg zu diesem niederländischen Fragenbereich bald herausgebracht werden.

Professor Dr. jur. Gerhard Kegel

Ich bin außerordentlich dankbar für die Fülle der Gesichtspunkte, die in der Diskussion zur Sprache gekommen sind. Ich bin mir dessen bewußt – und es konnte auch nicht anders sein –, daß ich dieses Gebiet nicht komplett vorgeführt habe. Das ist im Rahmen einer guten Stunde ausgeschlossen. Wenn Sie, Herr Prälat, beanstandet haben, daß hier nichts Historisches geboten worden ist, dann ist das mit Absicht geschehen. Das mußte ich beiseite lassen.

Ich mußte aber auch im Sachlichen vieles beiseite lassen. Zum Beispiel die Frage: Wie steht es mit der *Völkerrechtswidrigkeit* einer Enteignung? Kann eine Enteignung deswegen abgelehnt werden, weil sie völkerrechtswidrig ist? Das würde ich bejahen. Man erkennt ausländische Enteignungen an, um sich unangenehmen Erörterungen und dauernden politischen Reibungen mit dem enteignenden Staat zu entziehen. Völkerrechtliche Erörterungen jedoch müssen mit allen Staaten geführt werden. Aber das Schicksal will es, daß es solche völkerrechtlichen Erörterungen in der Staatenpraxis nicht allzu häufig gibt. Von dieser Seite her kann man der Sache, glaube ich, nicht beikommen.

Ein zweite Möglichkeit wäre, daß die Enteignung *nach dem Recht des enteignenden Staates selbst rechtswidrig ist.* Das gibt Ansatzpunkte. Insofern kann man mit dem enteignenden Staat durchaus diskutieren.

Mit der völkerrechtlichen Seite berühren sich die Minderheitenfragen, die angeschnitten worden sind. Wenn der internationale Gerichtshof im Haag entscheidet, entscheidet er darüber, ob eine Enteignung dem Völkerrecht entspricht oder nicht. In bezug auf die privatrechtliche Seite könnte man sagen: diese Enteignung verletzt das Minderheitenschutzrecht, sie ist infolgedessen völkerrechtswidrig. Diesem Gedanken ließe sich ohne Schwierigkeit Rechnung tragen.

Im grundsätzlichen Punkt hinsichtlich des Machtgedankens glaube ich von einigen Herren mißverstanden zu sein. Herr Staatssekretär Bleibtreu hat mir gut sekundiert. Worauf es im einzelnen hinausläuft, ist nicht eine Erweiterung, sondern eine Beschränkung der Anerkennung der Enteignung. Zum Beispiel im Aku-Prozeß. Ich möchte hier nicht als Macchiavelli auftreten, sondern im Gegenteil: ich möchte den Machtgedanken, der der bisherigen Entwicklung zugrunde liegt, in seiner reinen und scharfen Form durchführen, um grobe Ungerechtigkeiten zu verhüten. Die Abstellung auf den Wohnsitz führt dazu, daß der neue Gläubiger, wenn der Schuldner im Enteignungsstaat wohnte, seine Rechte bei uns erfolgreich geltend macht. Bei Abstellung auf die Lage des Schuldnervermögens kann er das nicht. In sehr beschränkten Fällen, zum Beispiel wenn der Schuldner im Enteignungsstaat geleistet hat, kann er hier nicht den Betrag zurückverlangen. Aber im Grunde läuft die Sache auf eine sehr starke Beschränkung hinaus.

Es ist vorgeschlagen worden, die einzelnen Enteignungen in verschiedener Weise zu differenzieren. Die Tatsache bleibt bestehen, daß im allgemeinen

Lehre und Rechtsprechung die Motive nicht untersuchen, aus denen eine Enteignung durchgeführt wird. Nur in groben Härtefällen, zum Beispiel bei Gegenständen des persönlichen Gebrauchs, wird die Enteignung nicht anerkannt. Die Enteignungen in der Sowjetzone sind schwere Ungerechtigkeiten, von unserem Standpunkt aus gesehen; trotzdem werden sie akzeptiert.

Auf Patentrechte und Warenzeichenrechte wies Herr Professor Peters hin. Auch sie habe ich beiseite gelassen. Auch dort ist die Lösung die, daß eine Spaltung vorgenommen wird. Zum Beispiel die Knäckebrot-Firma in Magdeburg kann die Warenzeichen in der Ostzone benutzen, aber nicht hier. Das ist der Gedanke, den ich auf die Forderungen und Mitgliedschaftsrechte angewendet hatte.

Ich persönlich sehe die Hauptbedenken in der Praktikabilitätsfrage. In der Tat wird die materiellrechtliche Lage kompliziert, wenn man eine Trennung nach Vermögensgebieten durchführt. Aber Komplikation ist eine Frage der Gewohnheit. An materielle Situationen, die in der Tat kompliziert werden, wenn man nach Belegenheit des Vermögens trennt, wird man sich gewöhnen. Das wird sich ausspezialisieren. Rechtspolitisch sind die vorgeschlagenen Lösungen besser, weil sie gerechter sind als die bisherigen.

Ich selbst habe mit mir gerungen. Auch ich bin zunächst bei Forderungsenteignungen vom Wohnsitzprinzip ausgegangen. Ich habe die Frage in einer Publikation offen gelassen, war aber innerlich schon bereit, hier einen Stellungswechsel vorzunehmen. In einer späteren Publikation, die augenblicklich im Satz ist und die sich an die Praxis wendet, habe ich gesagt: in den Fällen, wo erhebliches Auslandsvermögen da ist, müssen wir zum Vermögensbelegenheitsprinzip übergehen. Aber wir sollten es in allen Fällen tun. Es handelt sich nicht darum, einer Machtapotheose das Wort zu reden, sondern die Macht so weit, aber auch nicht weiter auszudehnen, als sie reicht.

Zur Frage Wohnsitz oder Belegenheit des Vermögens möchte ich noch auf eine Schwierigkeit hinweisen, die mir den Anstoß gegeben hat, bei Forderungen den Standpunkt zu revidieren. Es handelt sich um eine Frage, die ich nicht berührt habe, nämlich die Auflösung juristischer Personen durch Staatsakt. Im Osten steht man auf dem Standpunkt, daß, wenn Unternehmen sozialisiert wurden, sie praktisch beseitigt wurden. Im Westen ist die Rechtsprechung immer der Meinung gewesen, hier müßten wir auf das Vermögensbelegenheitsprinzip abstellen, also Fortbestand der juristischen Person für das Westvermögen annehmen. Daraus ergibt sich eine Schwierigkeit bei der Schuldenhaftung. Entscheidet nämlich der Wohnsitz, dann sind Forderungen gegen das Unternehmen erloschen, weil im Osten am Sitz des Unternehmens der Schuldner beseitigt ist. Wir lassen aber das Unternehmen fortbestehen, weil wir seine Auflösung für das Westvermögen nicht anerkennen. Es würde also, streng genommen, bei uns fortbestehen, ohne für seine früheren Schulden zu haften. Stellt man dagegen auch für den Forderungsuntergang auf die Belegenheit des Schuldnervermögens ab, so ergibt sich Einklang.

Der Fall der BVG-Spaltung ist von den Beteiligten nicht richtig gesehen worden. Es ist unmöglich, Verträge mit sich selbst abzuschließen. Das sind Selbstgespräche. Es waren zwei Parteien und es war die BVG gespalten worden. Ob diese Spaltung sich auf sämtlichen Gebieten auswirkte, ist eine zweite Frage. Wenn es zu keiner gütlichen Einigung kommt, ist das praktische Ergebnis eine vollständige Spaltung.

Ich kann das unterschreiben, was Herr Kollege Raiser gesagt hat: Wir müssen das Porzellan zusammenkitten, das die Politik zerschlagen hat. Deshalb kann man keinen Stein auf uns werfen. Wir versuchen die Trümmer wieder ganz zu machen, unsere Rechtsprechung anzupassen, und immer wieder einen neuen Ausweg zu finden.

Das Erscheinen folgender Bände wird vorbereitet:

Band 1 PROF. DR. FRIEDRICH GLUM
Das Deutsche Regierungssystem
Leitfaden und Quellenbuch

Band 3 PROF. FRANÇOIS GOGUEL
DR. GILBERT ZIEBURA
Das Französische Regierungssystem
Leitfaden und Quellenbuch

Band 4 SIR IVOR W. JENNINGS, Q. C.
PROF. DR. GERHARD A. RITTER
Das Britische Regierungssystem
Leitfaden und Quellenbuch

Band 5 PROF. DR. ERNST FRAENKEL
Das Amerikanische Regierungssystem
Leitfaden und Quellenbuch

Band 6 PROF. DR. EUGEN FISCHER-BALING
Theorie der Außenpolitik
Leitfaden und Quellenbuch

Band 7 PROF. DR. GERHARD MÖBUS
Politische Theorien, Teil I
Bis zu Machiavelli, Quellenbuch

Band 8 PROF. DR. GERHARD MÖBUS
Politische Theorien, Teil II
Von Bodin bis zur Französischen Revolution. Quellenbuch

Band 9 PROF. DR. OTTO HEINRICH V. D. GABLENTZ
Politische Theorien, Teil III
Seit der Französischen Revolution. Quellenbuch

Band 10 PROF. DR. ERNST FRAENKEL
PROF. DR. GERT VON EYNERN
PROF. DR. HANS REIF
Internationale Organisationen
Leitfaden und Quellenbuch

Band 11 BUNDESRICHTER DR. WERNER ELSNER
Die deutsche Verwaltung
Einführung in die Grundlagen und Problematik der Verwaltungspolitik

WESTDEUTSCHER VERLAG · KÖLN UND OPLADEN

VERÖFFENTLICHUNGEN DER ARBEITSGEMEINSCHAFT FÜR FORSCHUNG DES LANDES NORDRHEIN-WESTFALEN

NATURWISSENSCHAFTEN

HEFT 1

Prof. Dr.-Ing. Friedrich Seewald, Aachen
Neue Entwicklungen auf dem Gebiet der Antriebsmaschinen

Prof. Dr.-Ing. Friedrich A. F. Schmidt, Aachen
Technischer Stand und Zukunftsaussichten der Verbrennungsmaschinen, insbesondere der Gasturbinen

Dr.-Ing. Rudolf Friedrich, Mülheim (Ruhr)
Möglichkeiten und Voraussetzungen der industriellen Verwertung der Gasturbine

1951, 52 Seiten, 15 Abb., kartoniert, DM 2,75

HEFT 2

Prof. Dr.-Ing. Wolfgang Riezler, Bonn
Probleme der Kernphysik

Prof. Dr. Fritz Micheel, Münster
Isotope als Forschungsmittel in der Chemie und Biochemie

1951, 40 Seiten, 10 Abb., kartoniert, DM 2,40

HEFT 3

Prof. Dr. Emil Lehnartz, Münster
Der Chemismus der Muskelmaschine

Prof. Dr. Gunther Lehmann, Dortmund
Physiologische Forschung als Voraussetzung der Bestgestaltung der menschlichen Arbeit

Prof. Dr. Heinrich Kraut, Dortmund
Ernährung und Leistungsfähigkeit

1951, 60 Seiten, 35 Abb., kartoniert, DM 3,50

HEFT 4

Prof. Dr. Franz Wever, Düsseldorf
Aufgaben der Eisenforschung

Prof. Dr.-Ing. Hermann Schenck, Aachen
Entwicklungslinien des deutschen Eisenhüttenwesens

Prof. Dr.-Ing. Max Haas, Aachen
Wirtschaftliche Bedeutung der Leichtmetalle und ihre Entwicklungsmöglichkeiten

1952, 60 Seiten, 20 Abb., kartoniert, DM 3,50

HEFT 5

Prof. Dr. Walter Kikuth, Düsseldorf
Virusforschung

Prof. Dr. Rolf Danneel, Bonn
Fortschritte der Krebsforschung

Prof. Dr. Dr. Werner Schulemann, Bonn
Wirtschaftliche und organisatorische Gesichtspunkte für die Verbesserung unserer Hochschulforschung

1952, 50 Seiten, 2 Abb., kartoniert, DM 2,75

HEFT 6

Prof. Dr. Walter Weizel, Bonn
Die gegenwärtige Situation der Grundlagenforschung in der Physik

Prof. Dr. Siegfried Strugger, Münster
Das Duplikantenproblem in der Biologie

Direktor Dr. Fritz Gummert, Essen
Überlegungen zu den Faktoren Raum und Zeit im biologischen Geschehen und Möglichkeiten einer Nutzanwendung

1952, 64 Seiten, 20 Abb., kartoniert, DM 3,—

HEFT 7

Prof. Dr.-Ing. August Götte, Aachen
Steinkohle als Rohstoff und Energiequelle

Prof. Dr. Dr. E. h. Karl Ziegler, Mülheim (Ruhr)
Über Arbeiten des Max-Planck-Institutes für Kohlenforschung

1953, 66 Seiten, 4 Abb., kartoniert, DM 3,60

HEFT 8

Prof. Dr.-Ing. Wilhelm Fucks, Aachen
Die Naturwissenschaft, die Technik und der Mensch

Prof. Dr. Walter Hoffmann, Münster
Wirtschaftliche und soziologische Probleme des technischen Fortschritts

1952, 84 Seiten, 12 Abb., kartoniert, DM 4,80

HEFT 9

Prof. Dr.-Ing. Franz Bollenrath, Aachen
Zur Entwicklung warmfester Werkstoffe

Prof. Dr. Heinrich Kaiser, Dortmund
Stand spektralanalytischer Prüfverfahren und Folgerung für deutsche Verhältnisse

1952, 100 Seiten, 62 Abb., kartoniert, DM 6,—

HEFT 10

Prof. Dr. Hans Braun, Bonn
Möglichkeiten und Grenzen der Resistenzzüchtung

Prof. Dr.-Ing. Carl Heinrich Dencker, Bonn
Der Weg der Landwirtschaft von der Energieautarkie zur Fremdenergie

1952, 74 Seiten, 23 Abb., kartoniert, DM 4,30

HEFT 11

Prof. Dr.-Ing. Herwart Opitz, Aachen
Entwicklungslinien der Fertigungstechnik in der Metallbearbeitung

Prof. Dr.-Ing. Karl Krekeler, Aachen
Stand und Aussichten der schweißtechnischen Fertigungsverfahren

1952, 72 Seiten, 49 Abb., kartoniert, DM 5,—

HEFT 12

Dr. Hermann Rathert, Wuppertal-Elberfeld
Entwicklung auf dem Gebiet der Chemiefaser-Herstellung

Prof. Dr. Wilhelm Weltzien, Krefeld
Rohstoff und Veredlung in der Textilwirtschaft

1952, 84 Seiten, 29 Abb., kartoniert, DM 4,80

HEFT 13

Dr.-Ing. E. h. Karl Herz, Frankfurt a. M.
Die technischen Entwicklungstendenzen im elektrischen Nachrichtenwesen

Staatssekretär Prof. Leo Brandt, Düsseldorf
Navigation und Luftsicherung

1952, 102 Seiten, 97 Abb., kartoniert, DM 7,25

HEFT 14

Prof. Dr. Burckhardt Helferich, Bonn
Stand der Enzymchemie und ihre Bedeutung

Prof. Dr. Hugo Wilhelm Knipping, Köln
Ausschnitt aus der klinischen Carcinomforschung am Beispiel des Lungenkrebses

1952, 72 Seiten, 12 Abb., kartoniert, DM 4,30

HEFT 15

Prof. Dr. Abraham Esau †, Aachen
Ortung mit elektrischen und Ultraschallwellen in Technik und Natur

Prof. Dr.-Ing. Eugen Flegler, Aachen
Die ferromagnetischen Werkstoffe der Elektrotechnik und ihre neueste Entwicklung

1953, 84 Seiten, 25 Abb., kartoniert, DM 4,80

HEFT 16

Prof. Dr. Rudolf Seyffert, Köln
Die Problematik der Distribution

Prof. Dr. Theodor Beste, Köln
Der Leistungslohn

1952, 70 Seiten, 1 Abb., kartoniert, DM 3,50

HEFT 17

Prof. Dr.-Ing. Friedrich Seewald, Aachen
Luftfahrtforschung in Deutschland und ihre Bedeutung für die allgemeine Technik

Prof. Dr.-Ing. Edouard Houdremont, Essen
Art und Organisation der Forschung in einem Industrieforschungsinstitut der Eisenindustrie

1953, 90 Seiten, 4 Abb., kartoniert, DM 4,20

HEFT 18

Prof. Dr. Dr. Werner Schulemann, Bonn
Theorie und Praxis pharmakologischer Forschung

Prof. Dr. Wilhelm Groth, Bonn
Technische Verfahren zur Isotopentrennung

1953, 72 Seiten, 17 Abb., kartoniert, DM 4,—

HEFT 19

Dipl.-Ing. Kurt Traenckner, Essen
Entwicklungstendenzen der Gaserzeugung

1953, 26 Seiten, 12 Abb., kartoniert, DM 1,60

HEFT 20

M. Zvegintzow, London
Wissenschaftliche Forschung und die Auswertung ihrer Ergebnisse
Ziel und Tätigkeit der National Research Development Corporation

Dr. Alexander King, London
Wissenschaft und internationale Beziehungen

1954, 88 Seiten, kartoniert, DM 4,20

HEFT 21

Prof. Dr. Robert Schwarz, Aachen
Wesen und Bedeutung der Silicium-Chemie

Prof. Dr. Dr. h. c. Kurt Alder, Köln
Fortschritte in der Synthese von Kohlenstoffverbindungen

1954, 76 Seiten, 49 Abb., kartoniert, DM 4,—

HEFT 21 a

Prof. Dr. Dr. h. c. Otto Hahn, Göttingen
Die Bedeutung der Grundlagenforschung für die Wirtschaft

Prof. Dr. Siegfried Strugger, Münster
Die Erforschung des Wasser- und Nährsalztransportes im Pflanzenkörper mit Hilfe der fluoreszenzmikroskopischen Kinematographie

1953, 74 Seiten, 26 Abb., kartoniert, DM 5,—

HEFT 22

Prof. Dr. Johannes von Allesch, Göttingen
Die Bedeutung der Psychologie im öffentlichen Leben

Prof. Dr. Otto Graf, Dortmund
Triebfedern menschlicher Leistung

1953, 80 Seiten, 19 Abb., kartoniert, DM 4,—

HEFT 23

Prof. Dr. Dr. h. c. Bruno Kuske, Köln
Zur Problematik der wirtschaftswissenschaftlichen Raumforschung

Prof. Dr. Dr.-Ing. E. h. Stephan Prager, Düsseldorf
Städtebau und Landesplanung

1954, 84 Seiten, kartoniert, DM 3,50

HEFT 24

Prof. Dr. Rolf Danneel, Bonn
Über die Wirkungsweise der Erbfaktoren

Prof. Dr. Kurt Herzog, Krefeld
Bewegungsbedarf der menschlichen Gliedmaßengelenke bei der Berufsarbeit

1953, 76 Seiten, 18 Abb., kartoniert, DM 4,—

HEFT 25

Prof. Dr. Otto Haxel, Heidelberg
Energiegewinnung aus Kernprozessen

Dr.-Ing. Dr. Max Wolf, Düsseldorf
Gegenwartsprobleme der energiewirtschaftlichen Forschung

1953, 98 Seiten, 27 Abb., kartoniert, DM 5,25

HEFT 26

Prof. Dr. Friedrich Becker, Bonn
Ultrakurzwellenstrahlung aus dem Weltraum

Dr. Hans Straßl, Bonn
Bemerkenswerte Doppelsterne und das Problem der Sternentwicklung

1954, 70 Seiten, 8 Abb., kartoniert, DM 3,60

HEFT 27

Prof. Dr. Heinrich Behnke, Münster
Der Strukturwandel der Mathematik in der ersten Hälfte des 20. Jahrhunderts

Prof. Dr. Emanuel Sperner, Hamburg
Eine mathematische Analyse der Luftdruckverteilungen in großen Gebieten

1956, 96 Seiten, 12 Abb., 5 Tab., kart., DM 5,—

HEFT 28

Prof. Dr. Oskar Niemczyk, Aachen
Die Problematik gebirgsmechanischer Vorgänge im Steinkohlenbergbau

Prof. Dr. Wilhelm Ahrens, Krefeld
Die Bedeutung geologischer Forschung für die Wirtschaft, besonders in Nordrhein-Westfalen

1955, 96 Seiten, 12 Abb., kartoniert, DM 5,25

HEFT 29
Prof. Dr. Bernhard Rensch, Münster
Das Problem der Residuen bei Lernleistungen
Prof. Dr. Hermann Fink, Köln
Über Leberschäden bei der Bestimmung des biologischen Wertes verschiedener Eiweiße von Mikroorganismen
1954, 96 Seiten, 23 Abb., kartoniert, DM 5,25

HEFT 30
Prof. Dr.-Ing. Friedrich Seewald, Aachen
Forschungen auf dem Gebiete der Aerodynamik
Prof. Dr.-Ing. Karl Leist, Aachen
Einige Forschungsarbeiten aus der Gasturbinentechnik
1955, 98 Seiten, 45 Abb., kartoniert, DM 7,—

HEFT 31
Prof. Dr.-Ing. Dr. h. c. Fritz Mietzsch, Wuppertal
Chemie und wirtschaftliche Bedeutung der Sulfonamide
Prof. Dr. h. c. Gerhard Domagk, Wuppertal
Die experimentellen Grundlagen der bakteriellen Infektionen
1954, 82 Seiten, 2 Abb., kartoniert, DM 4,—

HEFT 32
Prof. Dr. Hans Braun, Bonn
Die Verschleppung von Pflanzenkrankheiten und -schädigungen über die Welt
Prof. Dr. Wilhelm Rudolf, Voldagsen
Der Beitrag von Genetik und Züchtung zur Bekämpfung von Viruskrankheiten der Nutzpflanzen
1953, 88 Seiten, 36 Abb., kartoniert, DM 5,—

HEFT 33
Prof. Dr.-Ing. Volker Aschoff, Aachen
Probleme der elektroakustischen Einkanalübertragung
Prof. Dr.-Ing. Herbert Döring, Aachen
Erzeugung und Verstärkung von Mikrowellen
1954, 74 Seiten, 23 Abb., kartoniert, DM 4,30

HEFT 34
Geheimrat Prof. Dr. Dr. Rudolf Schenck, Aachen
Bedingungen und Gang der Kohlenhydratsynthese im Licht
Prof. Dr. Emil Lehnartz, Münster
Die Endstufen des Stoffabbaues im Organismus
1954, 80 Seiten, 11 Abb., kartoniert, DM 4,20

HEFT 35
Prof. Dr.-Ing. Hermann Schenck, Aachen
Gegenwartsprobleme der Eisenindustrie in Deutschland
Prof. Dr.-Ing. Eugen Piwowarsky †, Aachen
Gelöste und ungelöste Probleme im Gießereiwesen
1954, 110 Seiten, 67 Abb., kartoniert, DM 6,50

HEFT 36
Prof. Dr. Wolfgang Riezler, Bonn
Teilchenbeschleuniger
Prof. Dr. Gerhard Schubert, Hamburg
Anwendung neuer Strahlenquellen in der Krebstherapie
1954, 104 Seiten, 43 Abb., kartoniert, DM 7,—

HEFT 37
Prof. Dr. Franz Lotze, Münster
Probleme der Gebirgsbildung *in Vorbereitung*

HEFT 37a
Bergwerksdirektor Bergassessor a.D. G. Rauschenbach, Essen
Die Erhaltung der Förderungskapazität des Ruhrbergbaues auf lange Sicht
in Vorbereitung

HEFT 38
Dr. E. Colin Cherry, London
Kybernetik
Prof. Dr. Erich Pietsch, Clausthal-Zellerfeld
Dokumentation und mechanisches Gedächtnis — zur Frage der Ökonomie der geistigen Arbeit
1954, 108 Seiten, 31 Abb., kartoniert, DM 5,25

HEFT 39
Dr. Heinz Haase, Hamburg
Infrarot und seine technischen Anwendungen
Prof. Dr. Abraham Esau †, Aachen
Ultraschall und seine technischen Anwendungen
1955, 80 Seiten, 25 Abb., kartoniert, DM 4,80

HEFT 40
Bergassessor Fritz Lange, Bochum-Hordel
Die wirtschaftliche und soziale Bedeutung der Silikose im Bergbau
Prof. Dr. Walter Kikuth, Düsseldorf
Die Entstehung der Silikose und ihre Verhütungsmaßnahmen
1954, 120 Seiten, 40 Abb., kartoniert, DM 7,25

HEFT 40a
Prof. Dr. Eberhard Gross, Bonn
Berufskrebs und Krebsforschung
Prof. Dr. Hugo Wilhelm Knipping, Köln
Die Situation der Krebsforschung vom Standpunkt der Klinik
1955, 88 Seiten, 31 Abb., kartoniert, DM 5,—

HEFT 41
Direktor Dr.-Ing. Gustav-Victor Lachmann, London
An einer neuen Entwicklungsschwelle im Flugzeugbau
Direktor Dr.-Ing. A. Gerber, Zürich-Oerlikon
Stand der Entwicklung der Raketen- und Lenktechnik
1955, 88 Seiten, 44 Abb., kartoniert, DM 6,—

HEFT 42
Prof. Dr. Theodor Kraus, Köln
Lokalisationsphänomene und Raumordnung vom Standpunkt der geographischen Wissenschaft
Direktor Dr. Fritz Gummert, Essen
Vom Ernährungsversuchsfeld der Kohlenstoffbiologischen Forschungsstation Essen
in Vorbereitung

HEFT 42a
Prof. Dr. Dr. h. c. Gerhard Domagk, Wuppertal
Fortschritte auf dem Gebiet der experimentellen Krebsforschung
1954, 46 Seiten, kartoniert, DM 2,—

HEFT 43
Prof. Giovanni Lampariello, Rom
Über Leben und Werk von Heinrich Hertz
Prof. Dr. Walter Weizel, Bonn
Über das Problem der Kausalität in der Physik
1955, 76 Seiten, kartoniert, DM 3,30

HEFT 43a
Prof. Dr. José Ma Albareda, Madrid
Die Entwicklung der Forschung in Spanien
1956, 68 Seiten, 18 Abb., kartoniert, DM 4,—

HEFT 44
Prof. Dr. Burckhardt Helferich, Bonn
Über Glykoside
Prof. Dr. Fritz Micheel, Münster
Kohlenhydrat-Eiweiß-Verbindungen und ihre biochemische Bedeutung
1956, 70 Seiten, 67 Abb., kartoniert, DM 4,60

HEFT 45

Prof. Dr. John von Neumann, Princeton, USA
Entwicklung und Ausnutzung neuerer mathematischer Maschinen

Prof. Dr. E. Stiefel, Zürich
Rechenautomaten im Dienste der Technik mit Beispielen aus dem Züricher Institut für angewandte Mathematik

1955, 74 Seiten, 6 Abb., kartoniert, DM 3,50

HEFT 46

Prof. Dr. Wilhelm Weltzien, Krefeld
Ausblick auf die Entwicklung synthetischer Fasern

Prof. Dr. Walther Hoffmann, Münster
Wachstumsformen der Industriewirtschaft

in Vorbereitung

18 NEUE FORSCHUNGSSTELLEN
im Land Nordrhein-Westfalen

1954, 176 Seiten, 70 Abb., kartoniert, DM 10,—

HEFT 47

Staatssekretär Prof. Leo Brandt, Düsseldorf
Die praktische Förderung der Forschung in Nordrhein-Westfalen

Prof. Dr. Ludwig Raiser, Bad Godesberg
Die Förderung der angewandten Forschung durch die Deutsche Forschungsgemeinschaft

in Vorbereitung

HEFT 48

Dr. Hermann Tromp, Rom
Bestandsaufnahme der Wälder der Welt als internationale und wissenschaftliche Aufgabe

Prof. Dr. Franz Heske, Schloß Reinbek
Die Wohlfahrtswirkungen des Waldes als internationales Problem

in Vorbereitung

HEFT 49

Präsident Dr. G. Böhnecke, Hamburg
Zeitfragen der Ozeanographie

Reg.-Direktor Dr. H. Gabler, Hamburg
Nautische Technik und Schiffssicherheit

1955, 120 Seiten, 49 Abb., kartoniert, DM 7,50

HEFT 50

Prof. Dr.-Ing. Friedrich A. F. Schmidt, Aachen
Probleme der Selbstzündung und Verbrennung bei der Entwicklung der Hochleistungskraftmaschinen

Prof. Dr.-Ing. A. W. Quick, Aachen
Ein Verfahren zur Untersuchung des Austauschvorganges in verwirbelten Strömungen hinter Körpern mit abgelöster Strömung

1956, 88 Seiten, 38 Abb., kartoniert, DM 6,20

HEFT 51

Prof. Dr. Siegfried Strugger, Münster
Struktur, Entwicklungsgeschichte und Physiologie der Chloroplasten *in Vorbereitung*

HEFT 51a

Direktor Dr. J. Pätzold, Erlangen
Therapeutische Anwendung mechanischer und elektrischer Energie

in Vorbereitung

HEFT 52

Mr. F. A. W. Patmore, London
Der Air Registration Board und seine Aufgaben im Dienst der britischen Flugzeugindustrie

Prof. A. D. Young, Cranfield
Gestaltung der Lehrtätigkeit in der Luftfahrttechnik in Großbritannien

1956, 92 Seiten, 16 Abb., kartoniert, DM 4,65

JAHRESFEIER 1955

Prof. Dr. Josef Pieper, Münster
Über den Philosophie-Begriff Platons

Prof. Dr. Walter Weizel, Bonn
Die Mathematik und die physikalische Realität

1955, 62 Seiten, kartoniert, DM 2,90

HEFT 52a

Dr. D. C. Martin, London
Geschichte und Organisation der Royal Society

Dr. Roux, Südafrika
Probleme der wissenschaftlichen Forschung in der Südafrikanischen Union

in Vorbereitung

HEFT 53

Prof. Dr.-Ing. Georg Schnadel, Hamburg
Forschungsaufgaben zur Untersuchung der Festigkeitsprobleme im Schiffsbau

Prof. Dipl.-Ing. Wilhelm Sturtzel, Duisburg
Forschungsaufgaben zur Untersuchung der Widerstandsprobleme im Schiffsbau

in Vorbereitung

HEFT 53a

Prof. Giovanni Lampariello, Rom
Von Galilei zu Einstein

1956, 92 Seiten, kartoniert, DM 4,20

HEFT 54

Prof. Dr. Julius Bartels, Göttingen
Sonne und Erde — das Thema des internationalen geophysikalischen Jahres

Direktor Dr. Walter Dieminger, Lindau/Harz
Ionosphäre und drahtloser Weitverkehr

in Vorbereitung

HEFT 54a

Sir John Cockcroft, London
Die friedliche Anwendung der Kernenergie

1956, 42 Seiten, 26 Abb., kartoniert, DM 3,—

HEFT 55

Prof. Dr.-Ing. Fritz Schultz-Grunow-Aachen
Das Kriechen und Fließen hochzäher und plastischer Stoffe

Prof. Dr.-Ing. Hans Ebner, Aachen
Wege und Ziele der Festigkeitsforschung besonders im Hinblick auf den Leichtbau

in Vorbereitung

HEFT 56

Prof. Dr. Ernst Derra, Düsseldorf
Der Entwicklungsstand der Herzchirurgie

Prof. Dr. Gunther Lehmann, Dortmund
Muskelarbeit und Muskelermüdung in Theorie und Praxis

1956, 102 Seiten, 49 Abb., kartoniert, DM 6,90

HEFT 57

Prof. Dr. Theodor von Kármán, Pasadena
Freiheit und Organisation in der Luftfahrtforschung

Staatssekretär Prof. Leo Brandt, Düsseldorf
Bericht über den Wiederbeginn deutscher Luftfahrtforschung

in Vorbereitung

HEFT 58

Prof. Dr. Fritz Schröter, Ulm
Neue Forschungs- und Entwicklungsrichtungen im Fernsehen

Prof. Dr. Albert Narath, Berlin
Der gegenwärtige Stand der Filmtechnik

in Vorbereitung

HEFT 59

Prof. Dr. Richard Courant, New York
Die Bedeutung der modernen mathematischen Rechenmaschinen für mathematische Probleme der Hydrodynamik und Reaktortechnik
Prof. Dr. Ernst Peschl, Bonn
Die Rolle der komplexen Zahlen in der Mathematik und die Bedeutung der komplexen Analysis
in Vorbereitung

HEFT 60

Prof. Dr. Wolfgang Flaig, Braunschweig
Grundlagenforschung auf dem Gebiet des Humus und der Bodenfruchtbarkeit
Prof. Dr. Dr. Eduard Mückenhausen, Bonn
Typologische Bodenentwicklung und Bodenfruchtbarkeit
in Vorbereitung

HEFT 61

Dr. Klaus Oswatitsch, Aachen
Gelöste und ungelöste Probleme der Gasdynamik
Prof. Dr. W. Georgii, München
Aerophysikalische Flugforschung
in Vorbereitung

HEFT 62

Prof. Dr. A. Butenandt, Tübingen
Über die Analyse der Erbfaktorenwirkung und ihre Bedeutung für biochemische Fragestellungen
Prof. Dr. J. Straub, Köln
Quantitative Genwirkung bei Polyploiden
in Vorbereitung

HEFT 63

Prof. Dr. E. Morgenstern, Princeton
Der theoretische Unterbau der Wirtschaftspolitik
in Vorbereitung

HEFT 64

Prof. Dr. Bernhard Rensch, Münster
Die stammesgeschichtliche Sonderstellung des Menschen *in Vorbereitung*

GEISTESWISSENSCHAFTEN

HEFT 1

Prof. Dr. Werner Richter, Bonn
Die Bedeutung der Geisteswissenschaften für die Bildung unserer Zeit
Prof. Dr. Joachim Ritter, Münster
Die aristotelische Lehre vom Ursprung und Sinn der Theorie
1953, 64 Seiten, kartoniert, DM 2,90

HEFT 2

Prof. Dr. Josef Kroll, Köln
Elysium
Prof. Dr. Günther Jachmann, Köln
Die vierte Ekloge Vergils
1953, 72 Seiten, kartoniert, DM 2,90

HEFT 3

Prof. Dr. Hans Erich Stier, Münster
Die klassische Demokratie
1954, 100 Seiten, kartoniert, DM 4,50

HEFT 4

Prof. Dr. Werner Caskel, Köln
Lihyan und Lihyanisch. Sprache und Kultur eines früharabischen Königreiches
1954, 168 Seiten, 6 Abb., kartoniert, DM 8,25

HEFT 5

Prof. Dr. Thomas Ohm, Münster
Stammesreligionen im südlichen Tanganyika-Territorium
1953, 80 Seiten, 25 Abb., kartoniert, DM 8,—

HEFT 6

Prälat Prof. Dr. Dr. h. c. Georg Schreiber, Münster
Deutsche Wissenschaftspolitik von Bismarck bis zum Atomwissenschaftler Otto Hahn
1954, 102 Seiten, 7 Abb., kartoniert, DM 5,—

HEFT 7

Prof. Dr. Walter Holtzmann, Bonn
Das mittelalterliche Imperium und die werdenden Nationen
1953, 28 Seiten, kartoniert, DM 1,30

HEFT 8

Prof. Dr. Werner Caskel, Köln
Die Bedeutung der Beduinen in der Geschichte der Araber
1954, 44 Seiten, kartoniert, DM 2,—

HEFT 9

Prälat Prof. Dr. Dr. h. c. Georg Schreiber, Münster
Irland im deutschen und abendländischen Sakralraum
1956, 128 Seiten, 20 Abb., kartoniert, DM 9,—

HEFT 10

Prof. Dr. Peter Rassow, Köln
Forschungen zur Reichsidee im 16. und 17. Jahrhundert
1955, 32 Seiten, kartoniert, DM 1,50

HEFT 11

Prof. Dr. Hans Erich Stier, Münster
Roms Aufstieg zur Weltherrschaft
in Vorbereitung

HEFT 12

Prof. D. Karl Heinrich Rengstorf, Münster
Mann und Frau im Urchristentum
Prof. Dr. Hermann Conrad, Bonn
Grundprobleme einer Reform des Familienrechts
1954, 106 Seiten, kartoniert, DM 4,50

HEFT 13

Prof. Dr. Max Braubach, Bonn
Der Weg zum 20. Juli 1944
1953, 48 Seiten, kartoniert, DM 2,20

HEFT 14

Prof. Dr. Paul Hübinger, Münster
Das deutsch-französische Verhältnis und seine mittelalterlichen Grundlagen
in Vorbereitung

HEFT 15

Prof. Dr. Franz Steinbach, Bonn
Der geschichtliche Weg des wirtschaftenden Menschen in die soziale Freiheit und politische Verantwortung
1954, 76 Seiten, kartoniert, DM 2,90

HEFT 16

Prof. Dr. Josef Koch, Köln
Die Ars coniecturalis des Nikolaus von Cues
1956, 56 Seiten, 2 Abb., kartoniert, DM 2,90

HEFT 17

Prof. Dr. James Conant, US-Hochkommissar für Deutschland
Staatsbürger und Wissenschaftler

Prof. D. Karl Heinrich Rengstorf, Münster
Antike und Christentum
1953, 48 Seiten, 2 Abb., kartoniert, DM 2,90

HEFT 18

Prof. Dr. Richard Alewyn, Köln
Klopstocks Publikum
in Vorbereitung

HEFT 19

Prof. Dr. Fritz Schalk, Köln
Das Lächerliche in der französischen Literatur des Ancien Régime
1954, 42 Seiten, kartoniert, DM 2,—

HEFT 20

Prof. Dr. Ludwig Raiser, Bad Godesberg
Rechtsfragen der Mitbestimmung
1954, 48 Seiten, kartoniert, DM 2,—

HEFT 21

Prof. D. Martin Noth, Bonn
Das Geschichtsverständnis der alttestamentlichen Apokalyptik
1953, 36 Seiten, kartoniert, DM 1,60

HEFT 22

Prof. Dr. Walter F. Schirmer, Bonn
Glück und Ende der Könige in Shakespeares Historien
1954, 32 Seiten, kartoniert, DM 1,50

HEFT 23

Prof. Dr. Günther Jachmann, Köln
Der homerische Schiffskatalog und die Ilias
in Vorbereitung

HEFT 24

Prof. Dr. Theodor Klauser, Bonn
Die römischen Petrustraditionen im Lichte der neuen Ausgrabungen unter der Peterskirche
in Vorbereitung

HEFT 25

Prof. Dr. Hans Peters, Köln
Die Gewaltentrennung in moderner Sicht
1955, 48 Seiten, kartoniert, DM 2,20

HEFT 26

Prof. Dr. Fritz Schalk, Köln
Calderon und die Mythologie
in Vorbereitung

HEFT 27

Prof. Dr. Josef Kroll, Köln
Vom Leben geflügelter Worte
in Vorbereitung

HEFT 28

Prof. Dr. Thomas Ohm, Münster
Die Religionen in Asien
1954, 50 Seiten, 4 Abb., kartoniert, DM 5,—

HEFT 29

Prof. Dr. Johann Leo Weisgerber, Bonn
Die Ordnung der Sprache im persönlichen und öffentlichen Leben
1955, 64 Seiten, kartoniert, DM 2,90

HEFT 30

Prof. Dr. Werner Caskel, Köln
Entdeckungen in Arabien
1954, 44 Seiten, kartoniert, DM 2,—

HEFT 31

Prof. Dr. Max Braubach, Bonn
Entstehung und Entwicklung der landesgeschichtlichen Bestrebungen und historischen Vereine im Rheinland
1955, 32 Seiten, kartoniert, DM 1,60

HEFT 32

Prof. Dr. Fritz Schalk, Köln
Somnium und verwandte Wörter in den romanischen Sprachen
1955, 48 Seiten, 3 Abb., kartoniert, DM 2,50

HEFT 33

Prof. Dr. Friedrich Dessauer, Frankfurt a. M.
Erbe und Zukunft des Abendlandes
1956, 32 Seiten, kartoniert, DM 1,80

HEFT 34

Prof. Dr. Thomas Ohm, Münster
Ruhe und Frömmigkeit
1955, 128 Seiten, 30 Abb., kartoniert, DM 8,—

HEFT 35

Prof. Dr. Hermann Conrad, Bonn
Die mittelalterliche Besiedlung des deutschen Ostens und das Deutsche Recht
1955, 40 Seiten, kartoniert, DM 2,—

HEFT 36

Prof. Dr. Hans Sckommodau, Köln
Die religiösen Dichtungen Margaretes von Navarra
1955, 172 Seiten, kartoniert, DM 7,20

HEFT 37

Prof. Dr. Herbert von Einem, Bonn
Der Mainzer Kopf mit der Binde
1955, 88 Seiten, 40 Abb., kartoniert, DM 6,—

HEFT 38

Prof. Dr. Joseph Höffner, Münster
Statik und Dynamik in der scholastischen Wirtschaftsethik
1955, 48 Seiten, kartoniert, DM 2,20

HEFT 39

Prof. Dr. Fritz Schalk, Köln
Diderots Essai über Claudius und Nero
1956, 40 Seiten, kartoniert, DM 2,25

HEFT 40

Prof. Dr. Gerhard Kegel, Köln
Probleme des internationalen Enteignungs- und Währungsrechts

HEFT 41

Prof. Dr. Johann Leo Weisgerber, Bonn
Die Grenzen der Schrift — Der Kern der Rechtschreibreform
1955, 72 Seiten, kartoniert, DM 3,25

HEFT 42

Prof. Dr. Richard Alewyn, Köln
Von der Empfindsamkeit zur Romantik
in Vorbereitung

HEFT 43

Prof. Dr. Theodor Schieder, Köln
Die Probleme des Rapallo-Vertrages
1956, 108 Seiten, kartoniert, DM 4,80

HEFT 44

Prof. Dr. Andreas Rumpf, Köln
Stilphasen der spätantiken Kunst
in Vorbereitung

HEFT 45

Dr. Ulrich Luck, Münster
Kerygma und Tradition in der Hermeneutik Adolf Schlatters
1955, 136 Seiten, kartoniert, DM 6,15

HEFT 46

Prof. Dr. Walther Holtzmann, Rom
Das Deutsche Historische Institut in Rom
Prof. Dr. Graf Wolff von Metternich, Rom
Die Bibliotheca Hertziana und der Palazzo Zuccari
1955, 68 Seiten, 7 Abb., kartoniert, DM 3,50

JAHRESFEIER 1955

Prof. Dr. Josef Pieper, Münster
Über den Philosophie-Begriff Platons
Prof. Dr. Walter Weizel, Bonn
Die Mathematik und die physikalische Realität
1955, 62 Seiten, kartoniert, DM 2,90

HEFT 47

Prof. Dr. Harry Westermann, Münster
Person und Persönlichkeit im Zivilrecht
in Vorbereitung

HEFT 48

Prof. Dr. Johann Leo Weisgerber, Bonn
Die Namen der Ubier
in Vorbereitung

HEFT 49

Prof. Dr. Friedrich Karl Schumann, Münster
Mythos und Technik
in Vorbereitung

HEFT 50

Prof. D. Karl Heinrich Rengstorf, Münster
Die Anfänge des Diakonats
in Vorbereitung

HEFT 51

Prälat Prof. Dr. Dr. h. c. Georg Schreiber, Münster
Der Bergbau in Geschichte, Ethos und Sakralkultur
in Vorbereitung

HEFT 52

Prof. Dr. Hans J. Wolff, Münster
Die Rechtsgestalt der Universität
1956, 56 Seiten, kartoniert, DM 2,65

HEFT 53

Prof. Dr. Heinrich Vogt, Bonn
Schadenersatzprobleme im Verhältnis von Haftungsgrund und Schaden
in Vorbereitung

HEFT 54

Prof. Dr. Max Braubach, Bonn
Der Einmarsch der deutschen Truppen in die entmilitarisierte Zone am Rhein im März 1936. Ein Beitrag zur Vorgeschichte des zweiten Weltkrieges
1956, 48 Seiten, kartoniert, DM 2,40

HEFT 55

Prof. Dr. Herbert von Einem, Bonn
Die Menschwerdung Christi des Isenheimer Altars
in Vorbereitung

HEFT 56

Prof. Dr. E. J. Cohn, London
Der englische Gerichtstag
1956, 88 Seiten, kartoniert, DM 4,15

HEFT 57

Dr. Albert Woopen, Aachen
Die Zivilehe und der Grundsatz der Unauflöslichkeit der Ehe in der Entwicklung des italienischen Zivilrechts
1956, 88 Seiten, kartoniert, DM 4,—

HEFT 58

Prof. Dr. Karl Kerényi, Ascona
Die Herkunft der Dionysos-Religion nach dem heutigen Stand der Forschung
1956, 32 Seiten, kartoniert, DM 1,75

HEFT 59

Prof. Dr. Herbert Jankuhn, Kiel
Haithabu und der abendländische Handel nach Nordeuropa im frühen Mittelalter
in Vorbereitung

HEFT 60

Dr. Stephan Skalweit, Bonn
Edmund Burke und Frankreich
1956, 84 Seiten, kartoniert, DM 4,15

HEFT 61

Prof. Dr. Ulrich Scheuner, Bonn
Die Neutralität im heutigen Völkerrecht
in Vorbereitung

HEFT 62

Prof. Dr. Anton Moortgat, Berlin
Archäologische Forschungen der Max-Freiherr-von-Oppenheim-Stiftung im nördlichen Mesopotamien
in Vorbereitung

HEFT 63

Prof. Dr. Joachim Ritter, Münster
Hegels Auseinandersetzung mit der Französischen Revolution
in Vorbereitung

HEFT 64

Prof. Dr. Hermann Conrad und
Prof. Dr. Carl Arnold Willemsen, Bonn
Die Konstitutionen von Melfi Friedrich II. von Hohenstaufen (1231) *in Vorbereitung*

HEFT 65

Prälat Prof. Dr. Dr. h. c. Georg Schreiber, Münster
Der Islam und das christliche Abendland
in Vorbereitung

HEFT 66

Prof. Dr. Werner Conze, Münster
Die Strukturgeschichte des technisch-industriellen Zeitalters als Aufgabe für Forschung und Unterricht *in Vorbereitung*

HEFT 67

Prof. Dr. Gerhard Hess, Bad Godesberg
Zur Entstehung der „Maximen“ La Rochefoucaulds
in Vorbereitung